मीरा और मीरा

[महादेवी वर्मा के मीरा विषयक व्याख्यान]

मीरा और मीरा

महादेवी वर्मा

भूमिका
अनामिका

राजकमल प्रकाशन

ISBN : 978-81-267-2494-9

मूल्य : ₹395

पहला संस्करण : 2013
दूसरी आवृत्ति : 2022

प्रकाशक : राजकमल प्रकाशन प्रा.लि.
1-बी, नेताजी सुभाष मार्ग, दरियागंज
नई दिल्ली-110 002

शाखाएँ : अशोक राजपथ, साइंस कॉलेज के सामने, पटना-800 006
पहली मंजिल, दरबारी बिल्डिंग, महात्मा गांधी मार्ग, प्रयागराज-211 001
1, अनमोल सोराबजी संतुक लेन, धोबी तलाव, मरीन लाइंस, मुम्बई-400 002

वेबसाइट : www.rajkamalprakashan.com
ई-मेल : info@rajkamalprakashan.com

मुद्रक : राजकमल प्रेस
नई दिल्ली-110 002

MEERA AUR MEERA
by Mahadevi Verma

प्रकाशकीय

'मीरा और मीरा' छायावाद की मूर्तिमान गरिमा महीयसी महादेवी वर्मा के चार व्याख्यानों का संग्रह है। महादेवी जी ने ये व्याख्यान जयपुर में हिन्दी साहित्य सम्मेलन की राजस्थान शाखा के निमंत्रण पर दिए थे। एक और सुखद संयोग था, जिसका स्मरण महादेवी जी ने किया है। वे 1930 में सुभद्राकुमारी चौहान की अध्यक्षता में मनाई गई 'मीरा जयन्ती' का उल्लेख करते हुए कहती हैं, 'आज मुझे 45 वर्ष पूर्व का वह स्वप्न याद आता है... और आज इतने वर्षों के बाद आप सबके बीच मुझको मीरा जयन्ती में सम्मिलित होने का शुभ अवसर मिला है, इसलिए मुझे हार्दिक आनन्द का अनुभव हो रहा है।' सन् 1975 में रास पूर्णिमा के दिन मीरा जयन्ती के अवसर पर महादेवी जी के ये व्याख्यान अनेक अर्थों में ऐतिहासिक महत्त्व के हैं।

सन् 1975 में ही प्रतिवर्ष 8 मार्च को 'अन्तर्राष्ट्रीय महिला वर्ष' मनाने की घोषणा हुई थी। मीराबाई के बहाने स्त्री-अस्मिता के अन्तरंग और बहिरंग पर चर्चा करने का यह उचित अवसर था। मीरा और महादेवी के साहित्य में भी ऐसा कुछ साम्य है जो विस्मित करता है। रहस्य, वेदना, प्रतीक्षा, विरह, साधना और समर्पण के समान सूत्रों के कारण बहुधा इन दोनों महान कवयित्रियों का तुलनात्मक अध्ययन किया जाता है।...ऐसा प्रतीत होता है कि मीरा के जीवन व सृजन को व्याख्यायित करते हुए महादेवी जी अपनी महागाथा के पृष्ठ भी उलट रही थीं। कुछ भी हो, इन

व्याख्यानों का प्रत्येक शब्द मीरा को समझने की दिशा में आगे बढ़ता चरण है।

इन चार व्याख्यानों के शीर्षक हैं–*मीरा का युग, मीरा की साधना, मीरा के गीत* और *मीरा का विद्रोह।* इनमें महादेवी ने मध्यकालीन स्त्री की स्थिति का विशेष सन्दर्भ लेकर भक्ति, मुक्ति, आत्मनिर्णय, विद्रोह और निजपथ-निर्माण आदि को विश्लेषित किया है। पहले ही व्याख्यान में वे कहती हैं–'जहाँ जहाँ इस परम विद्रोहिणी भक्तश्रेष्ठ मीरा के चरण पड़े, वहाँ वहाँ भक्ति के प्रसून खिल गए। मीरा का काव्य इस यशस्वी वीर नारी के चरणों का रक्तचिह्न है जिसमें गौरव है, सौन्दर्य है और पवित्रता है।' विद्रोह, भक्ति और कविता के त्रिकोण में महादेवी ने मीरा का मार्मिक मूल्यांकन किया है।

'मीरा और मीरा' को प्रकाशित करते हुए हमें इसलिए भी विशेष प्रसन्नता है कि यह समय अस्मिता-विमर्श का है। स्त्री-विमर्श के 'समय विशेष' में स्त्री अस्मिता के दो शिखर व्यक्तित्वों का 'रचनात्मक संवाद' महत्त्वपूर्ण है। इन दो दीपशिखाओं के आलोक में परम्परा और आधुनिकता के जाने कितने निहितार्थ स्पष्ट होते हैं। 'शृंखला की कड़ियाँ' की लेखिका ने 'सूली ऊपर सेज पिया की' का गायन करने वाली रचनाकार के मन में प्रवेश किया है। यह दो समयों (मध्यकाल और आधुनिक युग) का संवाद भी है। अपनी विशिष्ट शैली में महादेवी व्याख्यानमाला का समापन इन शब्दों के साथ करती हैं–'आपको साहित्य के इतिहास में, काव्य के इतिहास में, समाज के इतिहास में और नारी जागरण के इतिहास में मीरा जैसी अन्यतम, दूसरी स्त्री ऐसी नहीं मिलेगी।'

यह सोने पर सुहागा ही कहा जाएगा कि प्रस्तुत पुस्तक की भूमिका सुप्रसिद्ध कवि, कथाकार व विमर्शकार अनामिका ने लिखी है। कहना न होगा कि यह लम्बी भूमिका एक मुकम्मल आलोचनात्मक आलेख है। परिभाषाओं, आशयों, सूक्तियों व उदाहरणों से सुसज्जित भूमिका मानो मीरा का 'अद्यतन अध्ययन' है।

–अशोक महेश्वरी

अनुक्रम

भूमिका : कंकरीट की सड़कें और मीराबाई 9
मीरा का युग 37
मीरा की साधना 43
मीरा के गीत 58
मीरा का विद्रोह 68

कंकरीट की सड़कें और मीराबाई

मनचीते पुरुष का संधान

इस लेख के दो हिस्से हैं—पहला मीरा का स्त्री-पाठ प्रस्तुत करता है और दूसरा उसका रिसेप्शन!

मीरा का स्त्री-पाठ चार-पाँच स्तरों पर सम्भव है :

(क) भाषा और शिल्प के स्तर पर

(ख) घरेलू राजनीति के सन्दर्भ में

(ग) लोक-लाज और लोक-निंदा में प्लेटफार्म पर

(घ) पुरुष-सौन्दर्य और पुरुष-आचरण की मीमांसा के स्तर पर भी।

अन्तिम बात से ही शुरू करती हूँ। कैसा पुरुष किसी भरी-पूरी और संवेदनशील स्त्री का मनचीता हो सकता है : यह प्रश्न पिछले पचास बरस से अपने हिन्दी प्रदेश में भी रुई की बुइयों की तरह हवा में हिलोरें ले ही रहा है! आधुनिक स्त्री की मुख्य चिन्ताओं में एक चिन्ता यह भी है कि क्या खाकर वह एक मरखंड, गरियंडे, उद्धत-उद्दंड और हिंसक पुरुष से प्यार करने का जज्बा सीने में जगाए! धर्म भाव से किसी पर करुणा बरसाई जा सकती है, सेवा-उपचार और स्नेह उड़ेला जा सकता है। पर प्रेम एक जिद्दी एहसास है, उस पर जबर्दस्ती चलने से रही। वह किसी की नहीं सुनता। समर्पण इतना विराट भाव है कि हर ऐरे-गैरे, नत्थू-खैरे के आगे वह घटने से रहा।

साहचर्य-जन्य स्नेह तो सम्भव है! लगातार पीछे पड़े रहिए तो ऊबकर या दया-विगलित होकर स्त्री आपसे दो बोल बोल ले सकती है, पर बहुधा वे बोल प्रेम के नहीं, स्नेह और सद्भाव के होते हैं। 'याचना' का उत्तर 'दान' तो हो सकता है, 'समर्पण' नहीं! अपना समय, अपना साथ किसी को मानवीय धरातल पर भी दिया जा सकता है! उसको ही 'प्रेम' समझने की भूल पुरुषों से होती रही है। बौद्धिक या आत्मिक सत्संग के लिए सड़क पर आई स्त्री को प्रणय-निवेदन के लिए स्वतन्त्र घूमती स्त्री समझ लेने की भूल एक आम भूल है। मीरा उसका अच्छा प्रत्युत्तर देती हैं–''अच्छा तो तुम भी पुरुष हो...!'' पुरुष और स्त्री के एहसास से मुक्त करनेवाला ज्ञान पुरुषों के हिस्से बहुत कम आता है, क्योंकि उनके मन में युगों से बैठाया गया है कि स्त्री और जमीन कब्जा करने की चीजें हैं। सत्संग के लिए, बौद्धिक-आत्मिक विमर्श के लिए पास आई स्त्री भी उन्हें सिर्फ 'देह' दीखती है और स्त्री की स्थिति यह कि ताड़ से गिरे, खजूर में अटके। अभगलो गइलन बरियात, उहऊँ मट्ठा भात!

पब्लिक स्फियर, लोकमंडल की बात तो, चलिए बाद में करते हैं। युगों तक स्त्रियाँ 'मरती, क्या न करती', या 'जो मिल गया, उसी को मुकद्दर समझ लिया'–भाव से कुटिल-खल-कामी पतियों की भी सेवा करती गईं, लेकिन हाँ, सेवा ही प्रेम नहीं! प्रेम के लिए पात्रता चाहिए। कोई तो बात हो जो अभिभूत कर दे, मसलन कि संयम, शालीनता जो पुरुषों में सबसे नायाब होती है। आप सोचकर देखिए कि स्त्रियाँ शंकर या बुद्ध जैसे जोगियों की ओर क्यों आकृष्ट होती हैं, इसलिए कि वे उनके पीछे नहीं पड़ते, स्वयं को स्वयं में ही धारण करके धैर्यपूर्वक दूसरों का दुख दूर करने का धीरज उनमें होता है! काम-क्रोध-लोभ के अतिरेक से पीड़ित व्यक्ति से प्रेम कर पाना असम्भव है–खासकर मीरा जैसी संवेदनशील स्त्री के लिए जिसके मन में वृहत्तर संधान पक चुका है, कोई और ही धुन बज रही है!

प्रेम के लिए नैतिक परिष्कार पहली शर्त है। डाकू से भी प्रेम होता है, क्यों नहीं होता, लेकिन उस डाकू से जो दानी है, एक तरह का रॉबिन हुड; एक तरह का 'गॉडफादर'! प्रेम आदर्श से ही सम्भव है। समझा तो स्त्रियों ने पहले भी होगा, पर हब्बा खातून, अंडाल, लल्लदेड, अक्का महादेवी, जनाबाई, बहिनबाई, मीराबाई आदि भक्त कवयित्रियों ने डंके की चोट पर पहले-पहल यह कहने का साहस किया कि आस-पास जैसे अबंड पुरुष दीखते हैं, काम्य नहीं हो सकते, हमें तो कृष्ण या शिव जैसा कोई योगी

चाहिए! एक यूटोपिया, एक विकल्प ही हैं देवता और क्या हैं! दानवीर, कर्मवीर, स्थितप्रज्ञ, न्यायप्रिय हो कोई, सारे विकारों से मुक्त तो हम खुलकर उसका वरण करें, आत्मा स्वयं अपना स्वयंवर रचाए, एमिली डिकेन्सन के शब्दों में कहें तो–

"The soul selects its own society."

सच पूछिए तो काम्य पुरुष और पुरुष-आचरण का एक खाँचा, एक ब्लू प्रिंट-सा देती है मीरा की कविता। थोड़ा-सा रूप वर्णन तो वह करती है लेकिन असल आकर्षण का स्रोत कृष्ण का लोकरंजक स्वरूप है : दीन-दुखियों के सहायक, लीलामय, पुरमजाक, संगीतपटु, अहिंसक, स्थितप्रज्ञ, रणछोड़ की लालित्यमय छवि ही क्यों मीरा को भाती है–समझने की बात यह है! मीरा का समय हमारी तरह ही एक युद्धकातर समय था, हिंसाविह्वल समय, ऐसे में एक राजपूत कन्या से यह अपेक्षा की जाती थी कि वह हाडा रानी की तरह थाल में सर रखकर प्रस्तुत कर दे कि मोह से मताया पुरुष निश्चिंत युद्ध जीतने चला जाए, पर मीरा एक ऐसा गढन्त, एक ऐसे कंस्ट्रक्ट का वरण करती हैं जो धर्मयुद्ध को अन्तिम उपाय मानता है, और ऐन युद्धभूमि में लगता है गीता बाँचने, यानी साहित्य-कला-दर्शन का आश्रय वहाँ भी नहीं छोड़ता और खुद के लिए जिसका प्रण है कि वह हथियार नहीं उठाएगा, मनोवैज्ञानिक युद्ध लड़ेगा जो, भाषा ही जहाँ हथियार बनती है।

यहीं हम उठाते हैं भाषा-शैली का प्रश्न! मीरा का युद्ध भी एक मनोवैज्ञानिक युद्ध है जहाँ भाषा हथियार बनती है। एक स्त्री के पास भाषित हथियारों के सिवा कौन हथियार होते हैं भला! और किसी भी मनोवैज्ञानिक युद्ध में वे ही हथियार काम भी आते हैं : अभिधा, लक्षणा, व्यंजना–तीनों की ताकत अलग-अलग टोनल वैविध्य या स्वर-भंग के साथ सड़क पर अपनी बचाव-वृत्ति साधनहीन स्त्रियाँ भी दिग्दर्शित कर लेती हैं। कुएँ पर, पानी के नलके पर, राशन की क्यू में, सरकारी अस्पताल की क्यू में, जंगल-पहाड़ पर, मिल में, फुटपाथ पर समोसा-वमोसा बेचती हुई स्त्रियों की भाषा के कई जानदार मुहावरे तो खुद मैंने नोट किए हैं, कोई भी कर सकता है यदि उनसे अन्तरंग बातचीत गाँठें, उनसे दोस्ती करें।

अक्का महादेवी और मीराबाई के साथ मुश्किल यह थी कि सड़क पर आने के पहले सड़क का जीवन उन्होंने देखा नहीं था। वे महलों से सीधी सड़क पर चली आईं! महलों में या किसी भी सामन्ती बन्दिश में रहनेवाली स्त्रियाँ कैसे वाक्य बोलने की अभ्यासी होंगी, जरा ठहराकर सोचें :

आदेशात्मक वाक्य जिसे अंग्रेजी में इम्परेटिव मूड का वाक्य कहते हैं या फिर कोई अच्छा दृश्य देखा या कोई कथा सुनी तो विस्मयादिबोधक वाक्य!

पर मीरा की भाषा किसी पद्मिनी नायिका की वैभवस्निग्ध, व्यंजनाबोधक भाषा नहीं है। ज्यादातर पद अभिधा की ताकत का खास बेधक प्रयोग लेकर सामने आते हैं। सामान्य स्त्री की द्वन्द्वातीत, खरी-खरी बातों का जायजा वहाँ मिलेगा। कोई लाग-लपेट नहीं, कोई कताई-बुनाई नहीं, कहीं-कहीं ही रूपक और बिम्बन का तबोताब है, पर उसकी बात बाद में करेंगे, पहले इन धड़ से सुना दी गई बातों का मर्म समझें–

नहिं भावै थारो देसलड़ो रंगरूड़ो।
थारे देसां में राणा साध नहीं छैं,
लोग बसै सब कूड़ो!
गहना-गाठी राणा हम सब त्यागा,
त्याग्योकर से चूड़ी।
काजलटीकी हम सब त्यागा, त्याग्यो छै बन्धन जूड़ो।
मीरा के प्रभु गिरधर नागर, बरपायोछै पूरो।

× × ×

सिंगार-पटार और स्त्री-सम्मत विशिष्ट अनुभूतियों की चर्चा पग-पग पर है; पर लगातार यह अहसास हुआ है कि मनमोहन का मन सामान्य गहने-कपड़ों से थोड़े जीता जाना है, वह सामान्य पुरुष नहीं, कोई सामन्त नहीं, उसको तो भाएगा–

ओडया लज्जाचीर, धीरज को घाघरौ
छिमता कांकण हाथ, सुगमत को मूंदड़ो
दिल दुलड़ी दरियाव साँच को दोवड़ौ
उबटन गुरु को ज्ञान, ध्यान को धोवणौ
साँवलिया सूँ प्रीत, औरां सूँ आखड़ी!

विशिष्ट अनुभूति के क्षण रूपक तो नहीं, लेकिन उपमानों की एक झड़ी-सी लग गई है! वहाँ कल्पना दो धरातलों पर लगातार काम कर रही है : आकाश और धरती के बीच जैसे लगातार सुधियों की बारिश हुई हो! (बारिश के नाम से याद आया कि रेगिस्तान में जन्मी यह स्त्री, अपने 'घनश्याम' की चर्चा, उसके मोरपंख की चर्चा, पपीहे की चर्चा में विशेष सुख

पाती होगी।) भावनाओं का एक सुखाड़ ही है, जिसके प्रत्युत्तर में मीरा की कविता 'सावन के घन' की आतुरता से स्त्री-जगत के प्रत्यक्ष अनुभवजगत (कोडा) के आकाश में उमड़ी! चरखा, मटका, चूल्हे की आग वगैरह की चर्चा भी पग-पग पर है। नाच-गान की अलग मुद्राएँ और स्वरलिपियाँ भी हैं ही! 'लियो जी तराजू तोल' आदि पदों में खोमचा-कबाड़ी आदि से घरेलू क्रय-विक्रय के जीवन्त प्रसंग हैं और स्त्री भाषा का वह आनन्दातिरेक भी जिसे न कोई उपदेश झाड़ना है, न ज्ञान बघारना है! एक प्रतिकूल परिवेश में अनुभव से अर्जित आत्मज्ञान डंके की चोट पर, बिना किसी कुहेलिका के, मीरा सामने रख देती हैं :

बादल देख झरी हो, स्याम में बादल देख झरी!
काली-पीली घटा उमंगी, बरस्यो एक घरी
जित जाऊँ तित पानिहिं पानी, हुई सब भोम हरी।
जा का पिव परदेस बसत है, भीजै वर खरी।
मीराँ के प्रभु गिरधर नागर, कीज्यो प्रीत खरी।

मीरा ने खरी प्रीत की थी। वे हर जगह बरस जानेवाली बदली नहीं थीं। एक के बहाने सारी सृष्टि अच्छी-अच्छी लगने लगे—यह बात अपने आप में दुरुस्त है, पर 'अच्छी-अच्छी' लगने का मतलब स्नेह-सद्भावपूरित होना है, सर्वस्व समर्पण नहीं। सर्वस्व समर्पण की जिद तो कभी करनी ही नहीं चाहिए। होना होगा तो वह स्वयं घटित होगा। सर्वस्व समर्पण दाल-भात का कौर नहीं है। जो ओस चाटकर, अलग-अलग जगह बिखरी बूँदें चाटकर प्यास बुझा लेने की एषणा रखते हैं, उनको मीरा जैसी बागी सन्त कवियों की एक ही सलाह है कि 'धीरज' का 'घाघरा' धारें और 'लज्जा का चीर'। ओस चाटने से प्यास नहीं बुझती। अजात न हों, इन्तजार करें! धीरज का घाघरा चुन्नटदार है, उसका घेरा अनन्त है, पर उसको धारे बिना, यूटोपिया नहीं मिलता, कोई आदर्श नहीं मिलता। जो चट से मिल जाए, वह माया है। सत्य वह है जो अर्जित किया जाए। क्षमता का कंगन और सुमति की अँगूठी धारण करके ही 'सत्य' से मिला जा सकता है, पर सत्य संधान के पहले छोटे लोभों का मैल ज्ञान के उबटन से छुड़ाना होगा और दिल को 'दरिया' करना पड़ेगा! नेकी कर दरिया में डाल! बहता पानी निर्मल। किसी भी यूटोपिया, किसी भी सत्य का सन्धान एक तपस्या है!

सत्य कब मिलेगा, यह तो तय नहीं है। पर सच्चे सन्धान की प्रक्रिया में है। आप तो हो सकता है, वह आपके मन में आर्किमिडीज की तरह, पानी

के टब में अन्यमनस्क भाव से नहाते हुए अचानक कौंधे–एक आइडिया की तरह–एक आइडिया, एक बिचार जो दुनिया बदल दे, आपके सारे प्रश्नों का हल ढूँढ़ने में आपकी मदद कर दे और आप मीरा की तरह, आर्किमिडीज की तरह, अक्का महादेवी की तरह एकदम से सड़क पर दौड़ जाएँ– 'यूरेका-यूरेका' कहते हुए, बल्कि गाते हुए, जैसे मीरा गाती हैं!

मीरा की कविता 'यूरेका' की कविता है, सब भक्त कवियों की कविता–यूरेका की कविता है। लम्बे चिन्तन-मनन के बाद, मन में लगातार मथानी चलाने के बाद जो अवक्षेपित होता है, उस नवनीत में जीवन का सार, जीवन की स्निग्धता तो होगी ही! उतनी ही भारहीनता भी होगी। बहुत फिंटी हुई बड़ी हल्की हो जाती है! फिंटे हुए बेसन, मन, मक्खन का हल्कापन क्लिष्ट विचारों से उद्भूत सरल प्रमेयों में होता है। भक्त कवि इस सरलता का अमरित चखकर ही बड़े होते हैं–इतने स्निग्ध और इतने सरल! सरल होना दुष्कर है, बहुत-बहुत दुष्कर! येट्स की कविता के तीन चरण इसका प्रमाण हैं। सरल रेखा या पूर्ण शून्य खींच पाना पिकासो जैसे बड़े चित्रकार के लिए ही सम्भव है। सरल रेखा दो बिन्दुओं के बीच की निकटतम दूरी है। वक्रता दूर करती है–अपने ही लक्ष्य से, अपने ही यूटोपिया से, अपने प्रियतम से–यह बात भी मीरा की कविता अपने पूरे बाँकपन में सामने रखती है–बाँकपन कहीं-कहीं हैं, भ्रू-भंग भी है ही–लेकिन है वह मध्यावधि अवस्था ही, अन्तिम बात अकाट्य सरलता है। सत्य है तो सरल होगा ही, कम-से-कम आयतन घेरेगा, कम-से-कम शब्द कहेगा जैसे मीरा की कविता कहती है। बहुत लम्बे-चौड़े भाष्य का कोई स्कोप ही नहीं बनता–'मन मस्त हुआ तो क्या बोले!'

सरलता का उत्स एक मग्न किस्म की आपसदारी है और बृहत्तर दुनिया से अपना सुख साझा करने की उमंग भी! उमंग भी हमेशा सरल होती है– नंगे पाँव दौड़ा देनेवाली–'आवत ही हरषें नहीं, नैनन नहीं सनेह/तुलसी वहाँ न जाइए, कंचन बरषें मेंह'! कहाँ नहीं जाना है, इस विवेक से परिचालित है स्वाधीनता! सच्ची स्वाधीनता हमेशा विवेक से, संयम से संचालित होती है! पर वह विश्लेषण करने नहीं बैठ जाती! अगर किसी को राह सुझाती भी है तो इशारों में–जिसमें पात्रता होगी, जो लाल बुझक्कड़ होगा, बूझेगा! लाल बुझक्कड़ होने की, 'जित देखौं तित लाल' की पात्रता भी चाहिए! पश्चिम की भक्त कवयित्रियों से लेकर अपने यहाँ तक की भक्त कवयित्रियों में यह विवेक है! इसलिए उनकी कविता ज्ञानबोझिल, दर्शनबोझिल नहीं है! उनमें

सार-संक्षेप है, निष्कर्षों का गाम्भीर्य, विवेक का गाम्भीर्य! एमिली डिकिन्सन कहती हैं–

"This is my letter to the world
That never wrote to me."

यह संवाद की एकतरफा पहल है, एक तरह का एकालाप! जिसमें पात्रता होगी, इसका मर्म खुद ही समझ लेगा!

× × ×

यह आते हैं घरेलू राजनीति और लोक-लाज वाले पक्ष पर! मीरा के कई पद भाई, सास, देवर और ननद ऊदाबाई को सम्बोधित हैं :

"ऊदाबाई मन समझ जाओ अपने धाम
राजपाट भोगो तुम ही हमसे न तासूं काम"

डॉ. पद्मावती शबनम मीरा की ननद, ऊदाबाई की तरफ से गाया हुआ एक पद गाती हैं :

"थाथो बरज-बरज मैं हारी,
भाभी मानो बात हमारी!"
राने रोस किया था पर साधो में मत नारी।
कुल को दाग लगै छै भाभी, निन्दा हो रही भारी।
साधो के संग वन-वन भटकी, लाज गँवाई सारी,
बड़ा घरा में जनम लिये छै नाचौ दे दे तारी!

इस जैसी समस्त सलाहों और डाँट-डपट के प्रतिकार में मीरा हँसकर अपनी बात रखती हैं, सहज भाव से रखती हैं–बहनापे के भाव से रखती हैं! उनका बहनापा द्रौपदी और भीलनी तक से जुड़ता है! सड़क पर हुए विकट अनुभव अपने कई पदों में वे साझा करती हैं : वे उन्हें बताती हैं कि सड़क का जीवन जीते हुए खल-कामियों से वे कैसे निबटीं :

विषयी कुटिल एक भेषधारि साधु लियो।
कियो यों प्रसंग मोसों अंगसंग कीजिए।
आज्ञा मोको दई आप गिरधारीलाल।
अहोशीष यदि लई करि भोजन हूँ लीजिए।
असमनि समाज में बिछा लेजि बोलि लियो
सक अब कौन की निन्दक रस भीजिए

खेत सुख भयौ, विषै भाव सब गयो,
तयो वाचन तै आप, मोनो भक्तिदान दीजिए।

यह पक्ष लक्षणा और व्यंजना की पराकाष्ठा है! जिसे 'Indecent Proposal' (अशोभनीय प्रस्ताव) कहते हैं–उससे स्त्रियाँ कैसे निबटें–इसके कुछ सूत्र आपको यहाँ मिल जाएँगे! मीरा से किसी ने कहा, "स्वयं गिरिधर के आदेश से मैं आपके पास आया हूँ, आप मेरे साथ रमण करें।" मीरा सुन्दर थीं। स्त्री थीं! सड़क पर थीं! पब्लिक स्फियर में थीं–राह चलते ऐसे शोहदे मिलते ही रहे होंगे। सिद्धहस्त भाव से उन्होंने कहा–"धन्य भाग मेरे, प्रभु का आदेश है तो यहीं सबके सामने आप सड़क पर सेज सजाएँ और रमण करें।" उसे पानी-पानी तो होना ही था। न मारा, न पीटा, न हाय-तौबा बचाई, बस एहसास कराया कि मैं तो तुम्हें जान ही गई हूँ, तुम भी मुझे जान लो, स्वयं में झाँको–"क्या तुम मेरे योग्य हो? राह चलते मोहा जानेवाला भोगी/लोभी क्या खाकर तेजस्वी स्त्री के योग्य हो पाएगा? फर्स्ट डिजर्व, देन डिजायर!"...ठीक है, आदमी हो, कामना जग ही गई तो कोई बात नहीं। उस पर काबू करो! अपना उन्नयन करो, योग्य बनो और करो इन्तजार कि कोई स्त्री तुम पर आसक्त हो, 'खुदा बंदे से खुद पूछे–बता तेरी रज़ा क्या है।' इस प्रसंग में पहल स्त्री को ही करनी चाहिए। पुरुष का काम है योग्य बनकर इन्तजार करना।

एक जगह अक्का महादेवी कहती हैं–मेरी देह ही मेरी गुरु है! औरत की देह ही उसका गुरु है! उसके अनुभव ही उसके गुरु हैं–अनुभव जो ज्यादातर खट्टे-कड़वे ही होते हैं। आप तो गईं सत्संग के लिए, इस भाव से गईं कि कुछ सीखने को मिलेगा, और 'गुरु' है कि उसे आपकी देह के आगे कुछ दीख ही नहीं रहा! यदि गुरु ऐसा नहीं है तो जो लोग आपको गुरु के पास जाते, उससे मिलते देखते हैं, वे ही घनचक्कर हैं :

'सन्तन ढिंगि बैठि-बैठि लोकलाज खोई!' वह तो खैर कहिए कि किसी शोहदे ने सीता का नाम वाल्मीकि से नहीं जोड़ा, वरना अटकलें लगाने को कोई कुछ भी लगा सकता है। दिमागी विकृति का कोई इलाज थोड़े ही है! जिन्हें आपने बरजा-डाँटा हो या जिसे ध्यान देने लायक नहीं जाना हो, वे तो आपको नीचा दिखाने की हर सम्भव कोशिश करेंगे ही। यह कोशिश कुछ देर की खातिर आपको दुःख देगी, पर फिर आप सोचेंगी–और कोई जाने न जाने, मैं स्वयं को जानती हूँ, सत्य अपना प्रमाण खुद है, जब मैंने कोई ओछा काम किया नहीं, क्यों चुप हो बैठूँ, क्यों इनकी बात का असर लूँ–हाथी चले

बाजार, कुत्ता भूँके हजार–

'कोई निन्दो कोई बिन्दो/मैं चलूँगी चाल अपूठी!'

मीरा का रिसेप्शन–खंड (क)

छायावाद : मलंग विद्रोह से बतियाती सविनय अवज्ञा

आधुनिक हिन्दी कविता की मीरा कही जानेवाली महादेवी अपने जीवन के अन्तिम दशक में मीरा का जो पाठ प्रस्तुत करती हैं, वह उनके अपने अवचेतन, अपने युग के अवगुंठनों पर भी उतना ही प्रकाश डालता है जितना मीरा के पाठीय अवचेतन और उनके देशकाल पर। निम्नांकित पंक्तियों के साक्ष्य से मैं यह कह पा रही हूँ :

- "कर्तव्य के लिए परम साहस के साथ सभी कष्टों को सहना ही यहाँ की नारी का धर्म रहा है!...अनबोले ही नारी उस युग में बलिदान देती है!...मीरा का काव्य इस यशस्वी वीर नारी के चरणों का 'रक्तचिह्न' है जिसमें गौरव है, सौन्दर्य है और पवित्रता है।" (गौरवमय चुप्पी और 'डिग्निफायद सफरिंग' के छायावादी आदर्शों का, पत्रिता और बलिदान का महिमान्वयन)।
- "मीरा ने विष को अमृत बनाकर भक्तिगीतों में ढालकर अमृत-प्रसाद को जन-जन में बाँट दिया है।" (सर्जनात्मकता का उन्नयनकारी पक्ष छायावादी सौन्दर्यशास्त्र के अनुकूल)।
- "आज श्रीकृष्ण का रास हो रहा है, मीरा का जन्म इसी रास पूर्णिमा के दिन होना चाहिए। ...जन्म तो हम भावना से लेते हैं, शरीर का जन्म आगे-पीछे भी हो सकता है। हमारा मन भावना में ही जन्म लेता है। जो क्षण हमें भावना में मिल जाता है...उस क्षण के लिए हम समग्र जीवन जीते हैं...मिट्टी हटाते-हटाते अचानक हमारे हाथ में एकाध हीरक कण उपलब्ध हो जाता है...हमारा तुच्छ अहम् उस विराट समष्टि का अथवा उस समष्टिकर्ता निर्माता के साथ एकाकार अथवा अखंड बन जाता है।" (कल्पना में ही यथार्थ का अनुकूलन, पुनर्नियोजन)।
- "राजनीतिक-सामाजिक पराजय का प्रभाव मुख्यतः तत्कालीन

शासक वर्ग पर ही पड़ता है, ज्ञानियों, सन्तों और भावनाप्रधान की झंझटों से दूर रहने वाले वर्ग पर इसका अधिक प्रभाव पड़ना कम सम्भव है, अतः भक्ति आन्दोलनकर्ताओं पर विदेशी आक्रमणकारियों के समक्ष हार का प्रभाव पड़ने की चर्चा अर्थहीन-सी लगती है।'' (भक्ति और सर्जना की दुनिया को स्वयंसमर्थ, सामाजिकता के आग्रहों से ऊपर मानने का छायावादी आग्रह)।

- ''मनुष्य की चेतना से आप परिचित ही हैं। यह एक चेतना नहीं है, अपितु यहाँ चेतनाओं का संधान है...मनुष्य के साथ समस्त प्रकृति अधूरी है। कहीं सुषुप्त चेतना है, कहीं प्रसुप्त चेतना, कहीं अवचेतना है तो कहीं पराचेतना! मानव के चित्त में सारी चेतनाएँ हैं...आज का मनोविज्ञान पराचेतना की स्थिति स्वीकार नहीं करता...मानता है कि संसार अवचेतना में रहता है...यदा-कदा चेतना स्तर पर जाग पड़ता है। इस सिद्धान्त का भी धर्म पर प्रभाव पड़ा है। वृत्ति : किसी-न-किसी चेतना के हम सब अवतार हैं।'' (मनुष्य और प्रकृति/ब्रह्मांड के अवयवों को अन्तःसम्बद्ध संज्ञान माननेवाला छायावादी दर्शन)।

अवतारवाद ने अर्द्धनारीश्वर के पुरुष-नारी को अलग कर दिया।... कबीर ने सबको फटकारा (अन्य भक्त-कवियों ने दैन्य दिखाया)—मीरा माधुर्य में रमी रही : सिद्ध-समाज की ज्ञानचर्चा में भावनाएँ नहीं बाँधीं (सारांश मेरा)।

- ''स्वयं मैंने विद्रोह के गीत लिखे थे, वे सब गीत अब खो गए हैं। विद्रोह चिरकाल तक ठहर नहीं सकता...जब विद्रोह समाप्त हो जाता है, विद्रोह के गीत प्रायः भुला दिए जाते हैं...मीरा का विद्रोह भी मधुर है, मीरा किसी के प्रति कोई राग-द्वेष नहीं रखती। गांधी जी ने 'भारत छोड़ो आन्दोलन' में अंग्रेज जाति को यहाँ से चले जाने का आग्रह किया था, मगर मीरा ने किसी को हट जाने का इशारा नहीं किया।...उसने प्रेम, करुणा, भक्ति, कर्तव्य, ब्रह्मचर्य, संयम और अपरिग्रह के उदात्त गुण जीवन में उतारे।'' (शाश्वत, कालातीत होने का छायावादी आग्रह)।
- ''मीरा के गीतों में भारतीय विधवा के चिह्नों का अभाव है। उसने तो कहा है—'मो भावे पचरंग चीर रँगाऊँ, पचरंग चोला पहनूँ—झुरमुट खेलन जाऊँ।' (आशय : भारतीय विधवा कामनातीत होती

है)। मीरा के गीतों में न केवल विरह है, न केवल विद्रोह...उनके गीतों में सभी मनोभावों का मधुरतम चित्रण पाया जाता है : संयोग-शृंगार, ज्ञान चर्चा...जो कुछ मीरा कहती है, उसमें मधुर भाव है, कहीं भी द्वेष, क्रोध या चिढ़ की हिंसा नहीं है। अन्य भक्त कवियों के काव्य में तो यदा-कदा नाराजगी की आंशिक हिंसा भी झलक जाती है, जैसे गोपियाँ कहती हैं कि पपीता की चोंच मरोड़ दी जाए, कोयल के पंख नोच डाले जाएँ, क्योंकि वे श्रीकृष्ण के बिना भी बोल पड़े...मीरा के विरह गीत में इतनी अहिंसक और 'आत्मपरक' हैं कि इनकी तुलना किया जाना भी कठिन है।'' (गांधीवादी आग्रह)।

- ''जिस बादल में पानी नहीं होता, उससे बिजली पैदा नहीं हो सकती। पानी भरा बादल ही बिजली का दाह सँभाल सकता है। अकेला शौर्य मंगलमय नहीं होता।...मीरा के हृदय हार ही भारतीय हृदय का विकास हुआ है।'' (वृत्ति : सुप्ता रैशनल तत्त्व की स्थापना)।

ध्यान से पढ़ने पर स्पष्ट है कि महादेवी ने 'सविनय अवज्ञा' के युगीन आदर्श के रूप में मीरा का एक पाठ प्रस्तुत किया, समकालीन स्त्रियाँ अपनी परेशानियों के आलोक में पाठीय अवचेतन अलग ढंग से टटोलकर बहनापे की शृंखला आगे बढ़ा सकती हैं।

पर इन दोनों विखंडनों के पहले, भूमिका के रूप में थोड़ी-सी चर्चा मीरा के अपने देश-काल, उनके अपने नैतिक भूगोल की जिसने उन्हें रचा।

मीरा के जन्म के समय बाबर ने समरकन्द फतह किया था। दो विफल आक्रमणों के बाद भारत में अन्ततः उसने पैर जमा लिए थे! मीरा के मेवाड़ से मेड़ता जाने के ठीक दो वर्ष बाद (1531 में) हुमायूँ राजगद्दी पर आया और लगातार शेरशाह सूरी के आक्रमण झेलते हुए अन्ततः उससे हार भी गया। शेरशाह के राजकाल में ही मीरा ने शरीर छोड़ा!...इस बीच राजस्थान के राजपूत घराने न सिर्फ मुगलों से बल्कि आपस में भी लगातार लड़-भिड़ रहे थे।

बाहर की दुनिया से हार-थककर, चिढ़कर घर लौटा आदमी औरतों की क्या गत करता है—सबको पता है। एक तरफ कुल-मर्यादा, कुल गौरव के नाम पर बालिका-वध, सती, विधवा-विद्वेष, दूसरी तरफ मैट्रिमोनियल अलायंस के रूप में भेड़-बकरियों के खूँटे के रूप में रनिवासों का विकास!

वीरप्रसविनी बनना ही तब स्त्रियों का मूल धर्म था। ऐसे में स्वाभाविक है कि पति की अंकशायिनी बनने से साफ इनकार करनेवाली स्त्री या तो 'बावरी' (पागल) करार कर दी जाएगी या पुंश्चली! सुहाग चिह्नों और अनुरागोन्माद के कई लक्षणों की मीरा के काव्य में एक दमकती हुई-सी उपस्थिति है! इसीलिए महादेवी वर्मा का 'संस्कारी' मन यह मानने के लिए राजी नहीं होता कि मीरा वैधव्य-शापित थीं, जबकि प्रोफेसर विश्वनाथ त्रिपाठी जैसे कई उद्‌भट आचार्य मीरा-काव्य को विधवा-विमर्श की तरह ही पढ़ते हैं, उन्हें यह मानना मर्यादासम्मत दीखता है कि पति की तो वे आदर्श पत्नी थीं, उनका दाम्पत्य जीवन भरा-पूरा था, किसी कारण सती नहीं हो पाईं और परिवार के अन्य जन निष्ठुर हुए तब उन्होंने भगवद्‌भक्ति में मन रमा लिया यानी यह दुनिया पूरी तरह ही 'ट्रांसेंड' कर गई; पर लोग हैं कि बात बनाते रहे क्योंकि विधवाओं और वेश्याओं का एक ही सम्बोधन था–'राँड'!

आधुनिक पाठक के लिए वैधव्य के दुर्गिंजनों से मुक्ति पाने को छटपटाती स्त्री के फ्रेम में 'सूली ऊपर सेज पिया' के विराट् अर्थ-गौरव का संकोचन खासा कठिन है! 'मजबूरी का नाम महात्मा गांधी' वाली बात! सती न हो पाने का दाह कविता को ही मीठी आँचवाली सेज बना गया, मीरा जैसे विराट् व्यक्तित्व की महिमा से यह स्थापना मेल नहीं खाती! निर्णय की स्वाधीनता का तेज जिसमें ऐसा प्रखर हो, वह भला धुआँएगा क्योंकर! जो करना होगा, कर गुजरेगा–(प्रतिकार वश) पार्वती की तरह अग्निकुंड में कूदकर या सीता की तरह धरती में धँसकर!

महादेवी जी की इस स्थापना में बल है कि मीरा भी कविता में कभी एक क्षण भी किसी दैन्य, किसी अपराध बोध, किसी डाँट-फटकार की आहट नहीं है। न वे कबीर की तरह की अक्खड़ उपदेशमयता से कीलित है, न सूर-तुलसी की तरह के दग्ध विनय से, विष को भी अमृत बना लेनेवाला माधुर्य ही है यहाँ। 'राणाजी ने भेजा विष का प्याला/पी गई मीरा हाँसी रे' में या ननद को सम्बोधित पदों में एक हल्का-सा तंज तो दिखाई देता है लेकिन देवर-भाभी या ननद-भाभी वाले सम्बन्ध का माधुर्य वहाँ भी झिलमिलाता-सा है! पदों की गीतात्मक विधा में आत्मकथा के प्रसंगों की कौंध स्त्री-सुलभ मधुर हास्य के साथ छौंक देना मीरा के लिए ही सम्भव था।

मीरा और भी तरह से मीठे हास्यबोध का पता देती हैं : 'बदनामी लागे मीठी!' 'विंदो चाहे विंदो' का यह मस्तानापन हर्षातिरेक (ecstasy) की पराकाष्ठा है! 'गोविन्द लीनो मोल' के रूपक का विस्तार भी वे मेटाफिजिकल

व्यंग्य-विनोद के साथ करती हैं–'कोई कहे मँहगो, कोई कहे सुहलो लियो जी तराजू तोल!' लॉरेन्स 'A Captains Doll' में लिखते हैं कि स्त्रियों की यह मुसीबत है कि वे पुरुषों को गुड्डा बना लेना चाहती हैं। स्त्रियाँ भी पुरुषों पर यह अभियोग लगा सकती हैं कि पुरुष ही नहीं, घरवाले भी उन्हें गुड़िया समझते हैं! महादेवी वर्मा ने स्वयंवर वाले प्रसंग की चर्चा करते हुए इस पर सहज आपत्ति उठाई है कि वीरता के पुरस्कार के रूप में कन्या का 'दान' स्वयंवर के नाम पर स्त्री का पण्यीकरण ही था! पर मीरा जिस तरह खरीद की बात करती हैं, उसमें जॉन डन वाला मेटाफिजिकल विट चमक रहा है! मोल ली हुई चीज डंके की चोट पर 'अपनी' हो जाती है : उसे न कोई छीन सकता है, न उस पर कोई दावा ठोक सकता है, फिर यह ऐसी-वैसी खरीद तो है नहीं, अपना 'वजूद' देकर यह 'अमौलिक वस्तु' खरीदी गई है, इसलिए यह और अनमोल और अविभाज्य है।

इस तरह के विटी प्रयोग एमिली डिकिन्सन के यहाँ भी बहुत मिलते हैं! कोर्ट-कचहरी से लिया गया 'एफिडेविट' जैसा शब्द भी उनके यहाँ एक विशिष्ट अर्थगौरव पा जाता है :

"Abyss...has no Biographer...There was no Affidavit of Heaven."

स्त्रियाँ ऐसे प्रयोगों में निपुण होती हैं क्योंकि 'कॉस्मिक' और 'कॉमनप्लेस' के बीच भी कोई पदानुक्रम वे नहीं मानतीं, आत्मीयता का विस्तार उनकी भाषा को एक सहज प्रजातांत्रिक संवादधर्मी गौरव देता है, पदानुक्रमकीलित नहीं होता उनका संसार! 'ऊँच', 'नीच'–सारे प्रसंगों को एक चटाई पर बिठाकर उनसे अपना सुख-दुख बतिया लेने की आत्मप्रवाही सहजता ही उन्हें 'लोक' और 'शास्त्र' के बीच का पदानुक्रम तोड़ने में भी मदद करती है।

'पग घुँघरू बाँध मीरा नाची रे' में एक हल्का-सा विनोद है! नागर जी का 'सुहाग के नूपुर' बताता है कि गणिकाओं के मन में 'सुहाग के नूपुर' की कितनी साध होती थी, क्योंकि 'घुँघरू' ही उनके हिस्से आए थे! घुँघरू की झंकार सघनतर होती है–लोक को निवेदित कि सुनो भाई लोगों, यह मैं हूँ! डंके की चोट पर अपने स्वतन्त्र वैभव का उद्‌घोष करती हुई एक कॉस्मिक नृत्य मीरा जो नाची हैं, उसकी टंकार आज के स्त्री-साहित्य में भी जीवित है! जीवित है यह ठस्सा कि कुलवधू वाले नूपुर की मीठी-सी रुनझुन में नहीं, डंके की चोट पर मैं अपनी मुक्ति का जश्न मनाऊँगी! फ्रेंच

मनोवैज्ञानिक सिव्यू ने स्त्री भाषा में जिस 'मिमिक्री' की आहट सुनी थी, सबको धता बताकर आगे निकल जानेवाली वह अद्भुत तरह की नटखट त्वरा यहाँ गुंजायमान है।

इसी तरह 'मेरे तो गिरधर गोपाल दूसरो न कोई'–यहाँ एक के स्वीकार में सारी दुनिया का निषेध–पितृसत्ता, राज्यसत्ता–सबका निषेध शामिल है जो उस समय के लिए बड़ी बात थी। यही नहीं, एक सामान्य गोपी के रूप में 'रानी' अपनी कल्पना करे–यह भी एक क्रान्तिकारी घटना है! गोपियों का समाज पदानुक्रमग्रस्त समाज नहीं था! इससे भी बड़ी बात यह कि यहाँ स्त्री एक लदा हुआ गर्भ-भर नहीं थी! उनकी कामना का विस्तार मातृत्व से इतर भी कहीं था। अपनी नॉन प्रोडक्टिव भूमिका में भी स्त्री का प्रेम वरेण्य है–इस तथ्य को स्वीकारोक्ति देती दीखती हैं मीरा! और मुक्ति-पथ पर जो बाधा बनता है, उससे परिहासपूर्वक कहती हैं : 'अपने घर को पर्दा कर ले, मैं अबला बौरानी!'

पर्दा तो उससे किया जाता है जिससे लीला करनी हो, जो अपनी टक्कर का पुरुष लगे! बाकी तो सब बाल-बुतरू हैं–उनसे क्या पर्दा! उनको तो पाल-पोसकर बड़ा कर देने के यत्न कर देने हैं : 'पिया मोर बालक, हम तरुनी' वाले मारक एहसास के साथ ज्यादातर स्त्रियाँ जिसकी भुक्तभोगी होती हैं क्योंकि नैतिक/आध्यात्मिक कद-काठी में बराबर का पुरुष उनको जल्दी मिलता ही नहीं। इसी की ओर इशारा करती हुई महादेवी गुरु रविदास प्रसंग का जिक्र करती हैं!

छायावादी/गांधीवादी मानदंडों पर और संग्रथित स्त्रीवाद के निकष पर खरी उतरनेवाली सबसे अनूठी प्रस्तावना अन्तिम है! मीरा वरेण्य हैं, अपनी अहिंसा की खातिर, विष पचा कर अमृत में बदल देने की अपनी क्षमता की खातिर उनकी कविता में बिजली की त्वरा है क्योंकि उनमें जलतत्त्व का निषेध नहीं–जलपूरित बादलों में ही विद्युत का आवेग होता है : डॉ. किशोर से शब्द उधार लेकर कहें तो :

आग-भरा पानी का मन है,
कौन करे एहसा विश्वास,
कैसे समझाऊँ दुनिया में
कितना महँगा है उल्लास!

महादेवी का मीरा-पाठ : राजनीतिक पृष्ठभूमि : हर पाठ में एक गुत्थी होती है जिसे देरीदा अपोरिया कहते हैं! उस पर उँगली पड़ते ही सारे सूत्र

पकड़ में आ जाते हैं और अर्थ खुल जाता है–पाठ को पाठ के विरुद्ध पढ़ना यानी सीवन उधेड़कर पाठीय अवचेतन तक पहुँचना आसान हो जाता है! महादेवी की पहली और अन्तिम स्थापनाएँ 'सविनय अवज्ञा' और अहिंसात्मक प्रतिकार का वो ही महाप्रमेय गाँठ में बाँधे बैठी हैं जिसके आलोक में 1930 के आस-पास का पूरा स्त्री-विमर्श समझा जा सकता है।

महादेवी के मीरा-विमर्श में आनेवाले युग की आहटें साफ सुनाई देती हैं–विद्रोह की मीठी धमक जैसे थोड़ा-सा कहना है, थोड़ा अव्यक्त रख लेना है, पर्दे के खिलाफ बोलना है पर सर से आँचल गिरने नहीं देना, कुल मिलाकर कहें तो महादेवी वर्मा की स्थापना विद्रोह की मर्यादित अभिव्यक्ति की प्रतीककीलित भाषा का भास्वर उदाहरण है। मीरा में भी ये विद्रोह का उन्नयन ही देखती हैं : प्रकट विद्रोह के अपने गीतों का साक्ष्य लेकर कहती हुई कि वे सामाजिक सन्दर्भों में बँधे थे, इसलिए काल-कवलित हो गए! निजी सन्दर्भों के पार 'वियोग' का रूपायन ही असली कला है यानी वियोग किसी भी आदर्श स्थिति का अभाव है : घर में, सड़क पर, राजनीति में, सामाजिक संकायों में।

आखिर हम यह भूलें भी कैसे कि महादेवी वर्मा छायावादी कविता की एकलौती बेटी हैं–सात भाइयों वाली चम्पा की तरह अकेली, गम्भीर और मातृमना : कुछ-कुछ वैसी ही जैसी हमारी दादी की पीढ़ी की ज्यादातर स्त्रियाँ होती थीं–किस्से-कहानियों, गीतों-मुकरियों का सागर, ज्ञान-विवेक की पूरी पिटारी, पर जब जीवन के निजी प्रसंगों की बारी आती, छत्तीस तोले के करधन की तरह वे प्रसंग तकिए की रूई के नीचे कहीं गायब हो जाते! कोई तो बात होगी कि उन दिनों की एक हिट फिल्म थी–'मैं चुप रहूँगी!'... महादेवी जी ने तो फिर भी बहुतेरे उद्‌भट सत्य उकेरे हैं...अब वे इशारे डीकोड करना अगली पीढ़ी का काम है।

मीरा का रिसेप्शन–खंड (ख)

वैसे तो हेजियोग्राफी का अर्थ सन्तों की जीवनी होता है, पर इंग्लैंड में हेजियोग्राफी परम्परा के तहत ज्यादातर कथाएँ (अपनी खूबसूरती से तबाह) स्त्रियों के नन बनने या बना दिए जाने के कारुणिक प्रसंगों के इर्द-गिर्द बुनी गई हैं। इनके पन्ने पलटते हुए बुद्धकालीन थेरी गाथाएँ बरबस याद आती

हैं, जहाँ धम्म का वरण मूलतः स्वैच्छिक है।

पर पूरे मध्य एशिया और भारत में भी कई बार महिला सन्त धर्म को, धार्मिक संरक्षण को एक खोह की तरह भी इस्तेमाल करती दिखती है। जैसे चिड़ियाँ बाजों की क्रूर फड़फड़ाहट से परेशान होकर खोह में चली जाती हैं, बहुत सारी महिलाएँ सन्त धर्म की शरण में गईं, हालाँकि इस खोह में साँप कुंडली मारे पड़े थे। ताड़ से गिरे, खजूर पे अटके। चलो, अटके तो। धम्म से गिरे तो नहीं। हड्डी नहीं चटकी। एक आश्रय तो मिला। एक कद-काठी मिली। तात्कालिक मुक्ति का एहसास हुआ। एक वैकल्पिक स्पेस की नींव पड़ी, जो अपेक्षाकृत सुरक्षित और दुनियावी जंजालों से मुक्त एक प्रायः स्वतन्त्र स्पेस था, आज भी है–आज भी पूरे घर में पूजाघर ही एक स्पेस होता है जहाँ स्त्रियाँ थोड़ी देर निश्चिन्त बैठ सकती हैं, हालाँकि 'दूध ले लो', 'टिफन बना दो', 'अखबार लाओ' की अटर-पटर वहाँ भी मचती रहती है। एक तरह से देखा जाए तो ये पूजाघर ही स्त्रियों का बैंक, डाकघर, घरौंदा, तकिया, खेल का मैदान और टेलीफोन-एक्सचेंज हैं। हमको मालूम है जन्नत की हकीकत लेकिन दिल को खुश रखने को गालिब ये खयाल अच्छा है–

अहा, मैं मुक्त हुई
अच्छी विमुक्त हुई।
तीन टेढ़ी चीजों से
ओखली से, मूसल से
अपने कुबड़े पति से
भली ही विमुक्त हुई।
गया, मेरा निर्लज्ज पति गया
जो मुझको उन छातों से भी,
तुच्छ समझता था
जिन्हें वह बनाता था
अपनी जीविका के लिए।

–सुत्तपिटक, थेरी गावा (सुमंगला माता)

धर्म भी एक छतरी ही था। धर्माधिकारी भी निर्लज्ज पति की श्रेणी में आते थे। धर्म की छतरी मरोड़, भींचकर उसका एक डंडा भी बना लिया गया था। स्त्री की पीठ पर टूटने वाला विकट दंड! ग्रीस और रोम के प्राचीन वैभव और पुनर्जागरणकालीन (व्यक्ति-केन्द्रित) चतुर्दिक अभ्युदय के बीच काले नद-सा बहता यूरोपीय मध्यकाल कई नए परिवर्तनों का वाहक भी था।

महारानी एलिजाबेथ का समय पुनर्जागरण कहलाता है किन्तु उसके पहले की अवस्था घोर सुषुप्तावस्था नहीं थी। बहुत सारी नई संस्थाएँ जग-बन रही थीं, जो किसी न किसी रूप में अब तक हमारे बीच जीवित हैं। इनकी एक सूची बनाने चलूँ तो लम्बी हो जाएगी, पर कुछ महत्त्वपूर्ण अवधारणाएँ/संस्थाएँ गिनाना तो जरूरी ही है जिनका सूत्रपात नवयुग में हुआ : विश्वविद्यालय, कानून संहिताएँ, रूमानी प्रेम, आधुनिक भाषाएँ, राजनीतिक सीमाएँ, राष्ट्रराज्य, व्यापारी शहर, बैंक, चेक, गोली-बारुद, कम्पास, बुक-कीपिंग, चश्मे–सब मध्ययुग की देन ही हैं।

पर मध्यकाल की स्त्री-दृष्टि शोचनीय थी। उपदेशों, आचार-संहिताओं, कहावतों, पाठ्य-पुस्तकों, औषधि विज्ञान के ग्रन्थों, सन्त कथाओं और रोमांसों में भी धड़ल्ले से मध्ययुग स्त्रियों को कोंचता था। तीन तरह के अभियोग लगते थे स्त्री समाज पर जिनसे ऊबकर स्त्रियाँ धर्म की राह चल देती थीं–पहला तो यह कि स्त्रियाँ बेहद भौतिकतावादी देहवादी भोगप्रिय होती हैं। एक मुर्गा पन्द्रह मुर्गियों को यौन-तुष्टि देता है, पर पन्द्रह मर्द मिलकर एक स्त्री को यौन तृप्ति नहीं दे पाते। (ब्लैनर्स, विमेन डिफेम्ड, 8)

दूसरा अभियोग यह कि स्त्रियाँ भाषा का कचूमर निकाल देती हैं–झूठ बोलने, बक-बक करने, गप्प हाँकने, झगड़े और फरियाद करने में। 'सिटी ऑफ लेडीज' की शुरुआत में ही क्रिस्टीन लिखते हैं कि एक झगड़ालू चंट बीवी की चांय-चांय गिरिजाघर के घंटे का निनाद भी ढँक लेती है।

तीसरा अभियोग यह कि साज-सिंगार और दिखावे में स्त्रियों की गहरी रुचि होती है। उनका ज्यादातर समय इसमें ही बीत जाता है कि बाहरी आकर्षण कैसे बनाए रखें, आन्तरिक गुणों के विकास पर इसका ध्यान ही नहीं जाता।

इन तीनों अभियोगों का एक ही प्रतिकार था–सन्त बनकर दिखा देना। ईव का चोगा छोड़कर मदर मेरी, वर्जिन मेरी का झिलमिल आवरण डाल लेना। स्त्री काया पर कामनाओं पर सिटकिनी-सी चढ़ा देना। घर में रहकर तो यह सम्भव नहीं था। घर से बाहर बस दो ही दरवाजे थे–एक गिरिजाघर का, दूसरा चकलाघर का। पहला विकल्प दूसरे से बेहतर था, पर मजेदार बात यह है कि 'ननरी' दोनों को कहते थे।

सेंट ओड ने शादी की जहमत से बचने की खातिर अपने नाक काट ली थी। एप्रिक एक मठ में रहने आई तो मर्द वेश में। क्रिस्टिना मार्गरेट की माँ ने तो प्रतिज्ञा ली थी कि उनकी जिद्दी लड़की का कौमार्य-भंग किसी तरह

कोई कर दे तो उसे वे मोतियों से तौलें। उनके पिता ने कहा था–'परम्परा से प्रयाण की उसकी हिम्मत ही कैसे हुई। अपनी इज्जत बचाकर बाप की इज्जत सड़कों पर नीलाम करती है। एक साधारण लड़की की यह मजाल कि वह वर्जिन मेरी बनना चाहे।'

एक साधारण लड़की की मजाल तब भी दुनिया देखती थी, अब भी दुनिया देखती है। साधारण की शक्ति हर दम असाधारण होती है–पूरब में, पश्चिम में, उत्तर में, दक्खिन में। परम्परा से प्रयाण करनेवाली स्त्रियाँ हर जगह, हर समय रही हैं, पर पहले इसका एहसास सर्वव्यापी नहीं था कि हाय राम, कुड़ियों का है जमाना। पहले जमाना कुड़ियों का नहीं था, गुड़ियों का था। इसलिए इक्का-दुक्का विशिष्ट सन्तों ने मुक्ति की चेतना पाई, अब मुक्ति का अर्थ और व्यापक हुआ है और साधारणीकरण हो गया है इसका–इस अर्थ में कि आँगन-चौबारे, गली-मुहल्ले, खेत-खलिहान, दफ्तर-कारखाने, देवालय, वेश्यालय–हर जगह की स्त्री मीरा के घुँघरुओं की तरह एक नई तरह की मुक्ति-संगीत के तबोताब में ठनक उठी है।

सोलहवीं शताब्दी की राठौर राजकुमारी मीरा, मेवाड़ के सिसौदिया परिवार में ब्याही गई। बिन माँ की बच्ची जितना प्रतिरोध कर सकती है, उन्होंने किया। उनके बाल-मन में कृष्ण की छवि बसी थी, मरने से पहले माँ ने कभी खेल-खेल में समझा दिया होगा कि वह कृष्ण की परिणीता है तो अब वह यह मानने को तैयार नहीं थी कि बिना दोष के पहला पति छोड़े क्यों और दूसरा ब्याह क्यों रचाएँ? रचा भी लें तो उसके इशारों पर क्यों नाचे, उसकी कुलदेवी क्यों पूजे, अपने 'हरि' की तलाश में डगर-डगर क्यों नहीं घूमे, संतन ढिंग बैठ-बैठ हरि चर्चा में रस क्यों न पाए? मंडी हाउस विश्वविद्यालय रिसर्च सेंटर्स, अखबार और टी.वी. के दफ्तरों-पुस्तकालयों के कैफे और चाय ढाबों में आधुनिक स्त्रियाँ कला-साहित्य चर्चा में जो रस पाती हैं–दरअसल उसी रस का परिपाक है जो मीरा को हरि चर्चा में मिलता होगा। 'संतन ढिंग बैठि-बैठि लोकलाज खोई' का दंश अब भी स्त्रियों की जान खा जाता है–सीधे मुँह किसी से बात की नहीं कि लोक-कम्प्यूटर में शयन कक्ष और स्नान-गृह तक की अटकलें दर्ज हो गईं, ऐसे जैसे इतनी बड़ी व्याप्ति का कोई और लोकल न्यूज हो ही नहीं सकता कि कोई स्त्री किसी पुरुष से मुखातिब हुई, उसने उसके साथ अकेले में चाय पी ली।

आधुनिकतावादी वैयक्तियन अभी भी हमारे लिए दूर की कौड़ी है। हमारी विडम्बना ही यह है कि हम आधुनिक हुए बिना उत्तर-आधुनिक हो

लिए। आज, इस इक्कीसवीं सदी में भी स्थिति यह है कि सिसौदिया खानदान के लोग यह मानने को तैयार नहीं कि मीरा नाम की कोई लड़की इनके खानदान की बहू थी। चितौड़गढ़ के करीब डागला का खेड़ा नामक जगह है। वहीं के करीब की मीरा थी। पड़ोस की औरतें बताती हैं कि कोई ऐसी लड़की उनके खानदान में जन्मी कि नहीं, ठीक-ठीक नहीं कहा जा सकता—पर इस नाम की दहशत इतनी है कि पिछली नौ पीढ़ियों में किसी राजपूत ने दूर-दूर तक अपनी बेटी का नाम मीरा नहीं रखा। ब्राह्मण और बनिए अपनी बेटी का नाम मीरा रख भी लें, राजपूत अभी भी मीरा नाम पर फक्र नहीं करते, उससे शर्मिन्दा ही होते हैं। मीरा अब तक उनके दिमाग में एक कुलांगार का नाम है, जिसने कुल-मर्यादा को धता बताई और अपनी शर्तों पर जिन्दगी जी।

जिन्दगी-भर और जिन्दगी के पार भी मीरा की हस्ती मिटा देने के यत्न अनवरत हुए, फिर मीरा को बनाया किसने—उस स्पेस ने, जिसे भजन-गायकों की मंडली कहते हैं और जो हमेशा से रही है समाज के हाशिए पर ही। मजूरों की टोली दिन-भर के करमकुट श्रम के बाद मीरा के पद गाती-बजाती हुई अपनी थकान भुलाती थी। तथाकथित नीची जातियों से जुड़े इन कारीगरों-मजूरों को मीरा के समवेत गायन में एक अलग तरह की राजनीतिक तृप्ति भी मिलती थी, राज्यसत्ता और राजपूत-मंडली को अँगूठा दिखलाने की। उन्हें मीरा अपनी-अपनी-सी इसलिए भी लगती कि उसने एक चर्मकार, रैदास को अपना गुरु बनाया। बुनकर, चर्मकार, डाँगी, पटेल, जाट, धारकर के समवेत गायन ने मीरा की स्मृति बचाए रखी। आज कल कुछ भजन तो वे ऐसे भी गाते हैं जो मीरा के रचे हुए नहीं हैं पर मीरा से इन परितप्त जातियों का संवाद दर्ज है उनमें :

धूल उठ रही है मीराबाई, धूल उठ रही है।
उमड़ रही है भक्तों की टोली
हरि-नाम का दीया
हर घर के चौबारे
हर घर के चौबारे, मीराबाई।

कहानी चलती है कि विष का प्याला भेजने के पहले तरह-तरह की सौगातों से उनको रिझाना भी चाहा था राणा ने, जिसके जवाब में उन्होंने कहा कि 'ये सौगातें वे अपनी बांदियों में बँटवा दें।' सौगातें स्वीकार करने का अर्थ है—गुलामी स्वीकार कर लेना, मीरा की यह बात बड़े पते की है।

सौगातें स्वीकार उन्हीं से की जा सकती हैं जिनसे आपका नेह-बंध सच्चा हो, वरना वे आपकी गर्दन का पट्टा बन सकती हैं।

1822 में कर्नल जेम्स टॉड ने मीरा के नाम से जुड़ा एक रूमानी इतिहास सँजोया—ऐनल एंड एंटिविटीज ऑफ राजस्थान का एक हिस्सा था यह, जिसमें उसकी रूप-माधुरी और दूसरे रूमानी आकर्षणों की चर्चा भरपूर थी। बाद में गांधी जी ने औपनिवेशिक शक्तियों के विरुद्ध संघर्ष के दौरान जो भाषण नियोजित किए थे, उनमें भी मीरा का नाम बार-बार आता था। यह राष्ट्रीय ऐक्य के एक मोटिफ रूप में मीरा का पुनर्जन्म था—1956 के एम.एल.ए. चुनावों के क्षेत्र से लड़नेवाले लालसिंह शक्तावत ने राणाजी के उसी प्रांगण में कार्डबोर्ड की मीरा की तस्वीर बनवाई, जो कभी मीरा हमेशा-हमेशा के लिए पीछे छोड़ आई थी—इतिहास के जोक-बुकलेट का यह एक मजेदार-सा चुटकुला है।

कालान्तर में मीरा के नाम पर जो फिल्में, पटकथाएँ वगैरह बनीं उनमें उनके चेहरे पर एक अजब रूमानी-सी बेखुदी दर्ज दिखाई गई। जो कैलेंडर वगैरह भी बिकते हैं, मीरा के नाम पर—उसमें वे अपने इकतारे-समेत ऐसी दिखती हैं जैसे ट्रांस में हों, आस-पास का कुछ पता ही न हो उनको, जबकि तथ्य यह है कि परिवेश सहज थीं मीरा और मैन-मैनेजमेंट उनका उतना ही अच्छा था जितना किसी बुद्धिमती स्त्री का होता है। सार्वजनिक अपमान के लिए पेड़ के सामने कुछ लड़कों को वात्सल्य भाव से उन्होंने टरका दिया, न घबराई, न भागीं, न विचलित हुईं, एकदम सहज खड़ी देखती रहीं, ऐसे वे शर्मिन्दा हुए कि पूछिए मत। सहज कौतुक भाव से! अपनी सास से उनका मीठा-सा रिश्ता वुमन-बांडिंग का अच्छा उदाहरण है। लवलीन होना एक बात है, पर लवलीन होने का अर्थ परिवेश या आस-पास के दैनन्दिन यथार्थ से कट जाना कभी नहीं होता। मीरा पर बनी फिल्में मीरा को धरती से कटी हुई ट्रांसपर्सनैलिटी दिखाती हैं—आकाश तत्त्व धरती से विच्छिन्न हो ही नहीं सकता—विशेषकर मीरा जैसी स्त्री में। अलौकिक चमत्कारों के घेरे में मीरा को देखने की साजिश या उन्हें एक हिस्टेरिक आकाशी जीव मान लेने का उपक्रम चौके-चूल्हे में फँसी साधारण स्त्री से उनका तादात्म्य भंग करने की साजिश है, एक अलग तरह की रणनीति। कस्तूरी कुंडली बसै। भीतर से इल्हाम जगता है, वह परिवेशगत विडम्बनाओं के गर्भ में पलता है—'रुटीन इज रेवेलेशन।'

मीरा के आराध्य कृष्ण थे—एक चरवाहा बच्चा और एक ऐसा राजा

जिसने कभी शस्त्र नहीं उठाया, यह भी अपने आप में एक बड़ी बात है, खासकर उस राजपूत समाज की महिला के लिए जहाँ पितृसत्ता राज्यसत्ता से ऐसी घुली-मिली थी कि एक को दूसरे से अलग पहचानना मुश्किल था। विवाह एक निजी मामला न होकर यहाँ 'मैट्रिमोनियल अलायंस' का रूप ले लेता था और कुल मर्यादा, कुल गौरव के नाम पर भी युद्ध, दंगे-फसाद, जौहर, बालिका-वध, सती, विधवा-दहन आदि नृशंस घटनाएँ आनन-फानन में घटा करती थीं। परिवार में राज्यसत्ता का हस्तक्षेप इतना ज्यादा था कि एक सहमति-सी थी सबके मन में इस बात को लेकर कि वीरप्रसविनी बनना स्त्रियों का काम है और युद्ध में मर-मिटना पुरुषों का, 'बरस-अट्ठारह छत्री जीवे, आगे जीवन को धिक्कार।' पर ऐसी विकासमान और पदानुक्रम ग्रस्त सैन्य व्यवस्था में भी वैधव्य थी एक समस्या ही, कुकृत्यों का फल मानते थे इसे, विधवाओं की वेश्याओं का एक ही सम्बोधन था 'राँड'।

प्रेम, भक्ति, लगन, प्रभुत्व, विखंडन, विस्थापन, जाति, वर्ग, निजी, सार्वजनिक शूद्र, ब्राह्मण, कामना-प्रतिरोध—सबकी नई परिभाषाएँ गढ़ता है मीरा का जीवन, पर यह उस अर्थ में आधुनिक नहीं है जिस अर्थ की आधुनिकता के हम अन्वेषक हैं। पितृसत्तात्मकता के समस्त निषेध के बावजूद मीरा बोलती हैं दास्य भक्ति की भाषा ही। वे एक दोस्त की भाषा तो नहीं बोलतीं और कुंकुम संगारी की तरह औषधि-विज्ञान के शब्द उधार लेकर कहें तो उनके समस्त रूपक 'लो-रिस्कमेटाफर्स' ही हैं, जिनका चेहरा या ऊपरी वितान एकदम से भोला-भाला है। पितृसत्ताकों की चालू भाषा में कहें तो रूपकों का 'भोला भाला चेहरा है दिल बेईमान है।' इसी को कहते हैं सर्वाइवल इन्सटिंक्ट। रहना तो प्रतिरोधों के बीच ही है, वहीं रहकर अपनी राह बनानी है और एक विधा के रूप में कविता सात पदों के पीछे से आपरेट करने की अभ्यासी रही है। इससे भी मीरा को चिक की एक ओट-सी मिली। पर वहाँ से भी उन्होंने स्फुलिंग तो बिखेरे ही। संक्षेप में कहें तो मीरा का जीवन घर-बार छोड़कर अपने वजूद की खोज में सड़क पर निकल आई स्त्री का जीवन है, जिसके देह-मन की वे सब दुर्गतियाँ सम्भव थीं, जो व्यवसाय या वजूद या अपने से ऊपर किसी अन्य की तलाश में घर से निकल आई लड़कियों की होती हैं। (घर छोड़कर तो मैं ऐसे कह रही हूँ जैसे 'घर' में दुर्गति नहीं होती। होती वहाँ भी है। खुद मीरा की दुर्गति राजमहल में कम नहीं हुई थी।) पर सड़कों के खतरे और विकट हैं। 'ताड़ से गिरे खजूर पे अटके' वाला खजूर भी नहीं है सड़क, वहाँ भी पंछी को कोई छाया नहीं मिलती और

फल लागै अति दूर जो बहुधा पहुँच के बाहर ही होता है—कोई 'अटकन' में नहीं होती वहाँ। फुटबॉल हो जाती है औरत, अनन्त हो जाता है उसकी शार्प किकों का सिलसिला।

मीरा या मदर टेरेसा या इस तरह की अन्य औरतों के 'सर्वाइवल' का एक आजमाया हुआ अस्त्र है—लिंग-चेतना से ऊपर उठ जाना।

पर फिर से कहूँगी—मीरा जैसी भक्त कवियों की एक समस्या है—पितृसत्तात्मक षड्यंत्रों का एक घेरा तो वे लाँघ लेती हैं, स्वयंवरा हो जाती हैं पर पितृसत्तात्मकता का हल्का अभ्यंतरण उनमें भी होता है, तभी तो वही दास्यभक्ति आरोपित कर देती हैं अपने 'कृष्ण' पर भी, जिसे काटकर वे आगे बढ़ी थीं। जो शुरू में एक 'सखा' की तरह, वर्ग-जाति आदि कृत्रिम विभेदों के ऊपर उठे एक 'दोस्त' की तरह उन्हें आकर्षित करता था—उससे भी एक दोस्त की भाषा में वे बात नहीं कर पातीं। सिनोन द बोउआ और सार्त्र की दोस्ती मशहूर है, मगर हाल-फिलहाल में बोउआ जैसी स्त्री के भी अपने एक अनाम प्रेमी के नाम लिखे कुछ पत्र प्रकाशित हुए हैं, जिनकी भाषा दास्य-भक्ति भाषा है। तो क्या मुक्ति एक क्रमिक प्रक्रिया है जो कभी पूर्ण नहीं होती—'एक मुसलसल सफर कि मंजिल पे पहुँचे तो मंजिल बढ़ा दी।' यहाँ लगातार चौकसी जरूरी है—जरूरी है अपनी और अपनों का भी सेहत आत्मालोचन रामभरोसे बैठकर जग का गुजरा लेने भर से बात नहीं बनती, जहाँ खुद भी तलवार की धार पर चलते रहने का संकल्प साधना पड़ता है। क्या सचमुच बड़ी कठिन है डगर पनघट की? या 'चाकर राखो जी' और 'लीनो मोल' की आपसदारी मनुष्य मन की एक अन्तरंग वृत्ति है, जिसका कोई विस्तार नहीं। चलिए, कोई एक तो हो इस धरती पर चाकर राखे मगर तराजू पर तुलने और मोल लिए जाने के बाद।

मीरा-पदावली से गपशप

हमारे बचपन में एक चीज होती थी—हारमोनियम! अब उसका स्थान सिन्थेसाइजर ने ले लिया है, पर हमने स्कूल के हर उत्सव में हारमोनियम पर ही मीरा के पद गाए हैं और मीरा की जो छवि कैलेंडरों/फिल्मों/पाठ्यपुस्तकों/संगीत मास्साब भी जगाई हुई है—उसमें एक सुन्दर-सी औरत एकतारा उठाए आकाश की ओर देख रही है। बाल वैसे ही खुले हुए हैं जैसे धुर दक्षिण में अक्का महादेवी और अंडाल गुजरात में गंगाबाई, महाराष्ट्र में बहिनाबाई-

मुक्ताबाई-जनाबाई और कश्मीर में ललद्यद के खुले दिखाए जाते हैं। चाणक्य ने अपनी शिखा और द्रौपदी ने अपना जूड़ा एक संकल्प के झपाटे में खोला और संकल्प पूरा होते ही फिर इनमें गाँठ भी लगा ली पर इन भक्त कवयित्रियों के संकल्प भौतिक नहीं थे जो उसके पूरा होने का कोई अधिसूचक होता। बाल के बहाने इन्होंने अपने व्यक्तित्व की गाँठ ही खोल ली थी और एक ऐसे अनन्त संधान में घर की देहली लाँघकर सड़कों-गलियों, जंगलों और मन्दिर मठों की खाक छानी थी जो पूर्णता के असंभव संधान की रूमानियत से अलग करके आँका जाना चाहिए और जार निकोलातई के उस दुष्ट फरमान से भी अलग करके जो वह रूसी लोककथाओं में समय से लगान न चुका पानेवाले किसानों पर जारी करता था :

जाओ वहाँ, न जाने कहाँ
लाओ उसे, न जाने किसे।

सुनने में बात शायद अटपटी लगे और कहते हुए मेरा दिल भी धुकधुका रहा है पर कह ही देती हूँ क्योंकि यह मेरी लम्बी गवेषणा और असंख्य औरतों से बातचीत के बाद पाया हुआ निष्कर्ष है कि वास्तविक जीवन में पुरुष इतने खड़ूस, सख्त, शुष्क या पिलपिले नजर आते हैं कि मन में एक आदर्श पुरुष (यानी भगवान) गढ़े बिना औरत का काम ही नहीं चलता। उसी से हँसती-बतियाती हैं, उसी से वे कहती हैं अपने मन का हाल-चाल :

हे माधव, कितने तो काम पड़े हैं सर पर,
इतने कपड़े कूटने हैं
इतना आटा गूँधना है
आओ न, हाथ बँटा दो जरा सा,
या फिर जुएँ ही चुनो मेरी
कुछ तो करो–कुछ करो

(भक्त कवि जनाबाई भी एक मराठी पंक्ति के आधार पर पल्लवित जो एक मजदूर औरत मग्न होकर गुनगुनाते रही थी–औरंगाबाद से एलोरा जाती एक सरकारी बस में सुनी थी यह पंक्ति)

कोई तो बात होगी कि आज के इस व्यावसायिक महातार्किक, मशीनी युग में भी रसोईघर के आलने पर औरतों के नन्हे-नन्हे कृष्ण जी और हनुमानजी (रामजी नहीं), शिवजी और साईंबाबा सजे होते हैं। यह नन्हा-सा पूजा का कोना ही उनका अपना कोना होता है : सब जरूरी चिट्ठियाँ, छुट्टे पैसे और मनोभाव वहीं भगवान की मूरत के पीछे रखे रहते हैं। यही एक

समय होता है (भगवान के सामने आँखें मूँदे बैठने का समय) जब कोई उनको डाँटता, मारता नहीं, छोड़ देते हैं लोग स्वतंत्र, इस उम्मीद में अगर भगवान जी सचमुच होते हैं तो यह औरत घर की खातिर ही कुछ मन्नतें मानती होगी, मानने दो, अपना क्या जाता है! कुछ देर की बात है, फिर तो जुट ही जाएगी सेवा में। भारतीय सन्दर्भ में औरतों का 'अ रूम' नहीं तो 'अ कॉर्नर ऑफ वंस ओन' यही होता है।

भारत के इतिहास में सोलहवीं शताब्दी का पूर्वार्द्ध और भी विकट था। लगातार स्त्रियाँ पुरुष को लड़ता-भिड़ता, गुर्राता-चिल्लाता, उपदेश पिलाता ही देखा करती होंगी।

जब मैंने पहली दफा गुरु जीव गोस्वामी से मीरा की बातचीत का जिक्र पढ़ा, मेरे मन में यही बात कौंधी। गुरु जीव गोस्वामी से मिलने मीरा गईं तो उन्होंने शिष्य से कहला दिया : गुरुदेव स्त्रियों से नहीं मिलते। इस पर आश्चर्यविह्वल मीरा इतना ही बोल पाईं—''कृष्ण के सिवा भी दुनिया में कोई पुरुष है क्या? पुरुषार्थ का उत्कर्ष हैं श्रीकृष्ण क्योंकि अहिंसक हैं वे, उनमें विवेक, संयम, लालित्य और धीरज है जो पुरुषों में बहुधा नहीं होता तो फिर वे पुरुष कैसे हुए! औरत से मातहत की तरह का व्यवहार न करके बराबरी और दोस्ती का व्यवहार किया। प्रेम तो सिर्फ राधा से था, पर दोस्ती सारे गोप-गोपियों से थी जो गरीब थे और कंस के सताए हुए भी! कंस की रानियाँ दूध से नहाती थीं, दूध गोकुल से जाता था। गोपालक खुद अपने बच्चों को दूध-दही दे नहीं पाते थे, अपना ही हक लालित्यपूर्वक चुराकर राजा से आतंकित अभिभावकों का मनोरंजन वे बाल-लीलाओं द्वारा आयोजित करते थे—कितनी गहरी सोच का प्रमाण यह हुआ!...दूसरी ओर महाभारत के विवेकवान सारथि का पक्ष भी उतना ही आकर्षक था पर मीरा अपनी पदावली में उनके व्यक्तित्व के उस प्रौढ़ पक्ष की चर्चा बिलकुल नहीं करतीं। एक महाभारत देश में तो छिड़ा ही हुआ था, और कितने महाभारतों का जिक्र करती फिरतीं, उससे उन्होंने फुर्सत ही पा ली और गले में वैजयन्ती की माला, हाथों में बाँसुरी, होंठों पर मुस्कान, आँखों में स्निग्धता धारे परमपुरुष की कल्पना अपने पति-रूप में की क्योंकि इस तरह के धीरललित, धीरप्रशान्त पुरुष वास्तविक जीवन में दीखते नहीं थे।

एक मजेदार बात इनके पदों में और लगती है कि कृष्ण के महिमा-वर्णन के बहाने उन्होंने अपने देवर के षड्यन्त्रों का भी खुलासा हँसते-हँसते कर दिया है—''भाभी सुलभ सरल चुटकी के संग : राणाजी ने भेजा विष का

प्याला, पी गई मीरा हांसी रे। इसी तरह से पिटारे में नाग भेजने का प्रसंग भी डंके की चोट पर क्या जाने कितनी बार अलग-अलग पदों में दुहराया गया है। भक्ति की उदात्तता पर प्रश्नचिह्न नहीं लगा रही, न यह कह रही हूँ कि एक बुद्धिमती स्त्री का यह महीन प्रतिशोध एक रणनीति की तरह उभरा होगा, पर इतना तो इससे पितृसत्ताकों को सन्देश लेना ही चाहिए कि स्त्री के अवचेतन पर चोट न करें। चोट होगी तो कहीं-न-कहीं उसकी टंकार भी होगी जो दिग्दिगंत में डंके की चोट पर फैलेगी और आप सदियों बाद भी मुँह दिखाने लायक न रहेंगे।

पदावली

गीत में पहली पंक्ति ही कुनबे का सरदार होती है। मीरा के यहाँ भी पहली पंक्ति ही पूरे पद का सिंहद्वार है। समय और स्थान की सीमा के कारण मैंने कुछ महत्त्वपूर्ण पंक्तियों का एक कोलाज-सा बनाया है। जैसे स्त्रियाँ गाँव में तरह-तरह की रंगीन चिप्पियों से गेनरा सिलती हैं, समझिए, पैचवर्क वाला राजस्थानी लहँगा ही है ये जिसका वितान मीरा के घुँघरुओं के दिग्नाद की तरह अनन्त तक है—लगातर गोल-गोल नाचता हुआ—एक अनन्त से दूसरे अनन्त तक :

आली रे, मेरे णेणां काण पड़ी!
(शरबिद्ध पक्षी की तड़पन मेरी आँखों में है)
श्री गिरधर आगे नाचूँगी! (और किसी के आगे नहीं)
मेरे तो गिरधर गोपाल, दूसरो न कोय।
(एक के स्वीकार में सबका नकार—पितृसत्ता, राज्यसत्ता का भी)
मैं तो साँवरे रंग राची!
(अब मैं कबीरदास की काली कमली हूँ, मुझ पर दूसरा रंग नहीं चढ़ने वाला है!)
मैं तो गिरधर के घर जाऊँ!
(तुम्हारे घर की या राजमहल की सरहदें मुझे बाँधने से रहीं।)
माई री मैं तो लीयो गोविन्दो मोल।

(अपने जीवन-भर की कमाई, अपने पुण्यों के बदले मैंने यह प्यारा खिलौना खरीदा है। लॉरेन्स...)

लॉरेन्स ने 'द कैप्टेन्स डॉल' में एक स्थापना दी है कि औरतें अपने पुरुष

को अपना गुड्डा बनाकर कलेजे से लगाए रखना चाहती हैं, इसीलिए पुरुष उनसे डरते हैं। लोककथाओं में भी परदेसी सुन्दरियों के हाथ पुरुष के भेड़-बकरी में तब्दील होने या पालतू बन जाने का प्रसंग भरे पड़े हैं। स्त्री-प्रेम को बन्धन या भवजाल माननेवाले ध्यान दें कि यह सौदा एकतरफा नहीं है। तराजू पर तौलकर जैसे सोना खरीदा जाता है मीरा ने अपने गोविन्द को खरीदा है पर यह साधारण पण्यीकरण (कमॉडिफिकेशन) नहीं है जिसकी शिकार स्त्रियाँ रही हैं! यहाँ खुद उनके नाम पर बिकी मीरा अपने अर्जित पुण्य और भरपूर नेह के सिक्कों से यह सौदा पक्का करती हैं!

बड़े घर ताली लागो रे, म्हारा मन ही उणारथ भागी रे!

(एक पखेरू की तरह बेचैन मन कहीं-न-कहीं से उड़ भागने का रास्ता जरूर ढूँढ़ लेता है—महाद्वार पर पड़े ताले उसकी उड़ान में बाधा नहीं बनते! ऐसा ही होता है नेही मन! एक चुनौती-सी देती है मीरा के मन की उड़ान और याद दिलाती है कबीर की—नौ द्वारे का पींजरा, तामैं पंछी पौन/रहिबे को है आचरज, गए तो अचरज कौन)

मीरा लागो रंग हरी, औरन रग अटक परी।

(यहाँ अटक में मन अटकता है। जो भी स्वाभाविक वृत्ति के प्रतिकूल पड़े—उसकी ओर जाते हुए मन में खटका ही होगा!)

तू मत गरजे माइडी, साधां दरसण जाती!

(वैसे तो दिवंगत माँ को सम्बोधित बहुतेरे पद हैं—'माई री, मैं तो प्रेम दीवानी' वगैरह जहाँ माँ-बेटी की अन्तरंगता और दुख की सहभागिता व्यंजित है—'दरद न जाणे कोय' मगर माँ, तुम तो जानोगी, इसी उम्मीद में तुम्हारे पास आई हूँ। किन्तु यहाँ प्रेम की आरम्भिक अवस्था विचित्र है जहाँ माँ भी लोकापवाद के अन्देसे से रास्ते रोके खड़ी है, गरज-तरज रही है और व्याकुलता में मीरा कहती हैं कि कम से कम तुम तो मुझ पर भरोसा रखो, मैं कोई अधम काम नहीं करनेवाली, साधुओं के दर्शन को निकली हूँ!)

तेरो कोई नहिं रोकणहार, मगन होइ मीरा चली।

यह प्रीत की दूसरी अवस्था है, जब कोई सफाई देने का मन ही नहीं करता! मन मस्त हुआ तो क्या बोले! और तीसरी अवस्था यह कि खरी-खरी साफ ही सुना दी—

नहिं भावै थारो देसलड़ो रंगरूड़ो।
थारा देसां में राणा साध नहीं है, लोग बसै सब कूड़ो।

या

पग घुँघरू बाँध मीरा नाची रे।

(चुपचाप नहीं पायल की शान्त रुनझुन के साथ भी नहीं, बाजाप्ता घुँघरू बाँधकर—डंके की चोट पर इतना कि 'घुँघरू टूट गए' अहं के मोती-मनके इधर-उधर छितरा गए...)

लेकिन लगातार यह वीरांगना वाला भाव ही चित्त पर हावी नहीं है, कभी-कभी राजा को समझाती भी हैं—अपनी विवशता का इजहार करती हैं :

राणा जो म्हांरी प्रीत पुरवली मैं काई करूँ।

यह भोलापन भवानीप्रसाद मिश्र की 'सन्नाटा' कविता वाली रानी का है जिसने खुद ही अपने राजा से कहा था कि वह बाँसुरी वाले को बुला दे, उसके बिना रहा नहीं जाता, और फल क्या—वही जेल और सूली :

वह राजा था, हाँ, /कोई खेल नहीं था/
ऐसे जवाब से/उसका मेल नहीं था/
रानी ऐसे बोली कि जैसे उसके/
उस बड़े किले में कोई जेल नहीं था।

मीरा को तो यह सूली भी वरदान क्योंकि उन्हें पता है।

सूली ऊपर सेज पिया की।

मगर इसका मानवीय एहसास भी है कि :

लोग कहें मीरा भई बावरी
कुटुम्ब कहे कुलनासी रे।

जब कोई स्त्री इस तरह की बात करती है, गहरी तकलीफ से भरकर क्योंकि 'साम-दाम' आजमा चुकने के बाद ही 'दंड-भेद' की बात उसने कही थी, इसकी उसे याद आती है! स्नेह का पात्र तो सारा संसार है क्योंकि वह भी उस साँवरे की ही परछाईं हैं, पर प्रेम का पात्र तो बस वह एक ही है जिसने यह कहने का तेज दिया है :

फारूँगी चीर, करूँ गत कंथा, रहूँगी बैरागण होइरी।
चूरियाँ फोरूँ माँग बखेरूँ, कजरा मैं डारूँ धोइरी।
रातों नाम को मोसूँ तरक न तोड़यो जाइ।...
मूरख बैद मरम नहिं जाणै। करक कलेजा माँह
रमैया बिन नींद न आवै
दरस बिन दूखण लागै नैण।
थे तो पलक उधाड़ो दीनानाथ
मैं हाजिर नाजिर कबकी खड़ी।

पर जिसके लिए जगत छोड़ा, उस परमपुरुष से भी रूठ जाता है मन, उससे भी शिकायत हो जाती है लेकिन प्रीति-कलह की सीमा के भीतर ही—

'देखो सहियाँ, हरि मन काठो कियो!'
'जोगियारी प्रीतड़ी है दुखड़ा रो मूल।'
'जाबादे जाबादे जोगी किसका मीत।'
'जो मैं ऐसा जाणती प्रीत किए दुख होय
नगर ढिंढोरा पीटती प्रीत न करयो कोय।'

कुल मिलाकर मीरा की कविता प्रेम का उत्सव ही मनाती है, मातम नहीं मनाती! इनके रूठने में या कलपने में भी एक लालित्य है जो स्त्री कविता की विशेषता है! भाषा से अठखेलियाँ करती चलती यह अलग-अलग मूड्स और शेड्स की कविता आधुनिक स्त्री-पाठक से भी तादात्म्य कायम करती चलती है क्योंकि अपने 'सुन्नमहल' या विराट एकान्त में भी यह उस अर्थ में अकेली नहीं जैसे और भक्त कवि हैं। सखियाँ, माई, जोगी, सास-ननद-देवर, वैद्य, चूड़ियाँ, कंघा, कजरा, घुँघरू, तराजू, कठौता आदि कई घरेलू उपादान और सम्बोधन अपने पूरे ठाठ के साथ एक नई अर्थ-व्याप्ति में यहाँ खिलते-खुलते हैं।

लगन माने लगन। जरूरी नहीं कि यह ईश्वर की हो। पढ़ाई-लिखाई, ज्ञान, सेवा की लगन, दुनिया देखने-समझने की लगन—कोई भी लगन स्त्री के चित्त को लगे—कहर उस पर वे ही टूटते हैं जो मीरा पर टूटे थे। अपनी तमाम पुनरावृत्तियों के बावजूद मीरा की कविता एक ठाठदार कविता है—सिर्फ अपने सांगीतिक वैभव, सान्द्र, भाव-संवेग और उच्छल गीतात्मकता के कारण ही नहीं, बल्कि उस प्यारी-सी हठधर्मिता के कारण भी जो सीमाएँ लाँघकर निसीम हो जाने का सुन्दर संकल्प साधे है।

लाओत्सु ने कहा था, पुरुष की शक्ति है चट्टान जैसी और स्त्री की जलधार जैसी, गिरने दो जलधार चट्टान पर, चट्टान की सारी अकड़ दूर हो जाएगी। सारे सन्त, सारे समाज-सुधारक—बुद्ध, लाओत्सु, जीसस, रामकृष्ण, गांधी स्त्रियों के गुण की खान हैं। और मीरा जैसी स्त्रियों में पुरुषसम्मत साहस है। विशिष्ट पुरुषों-सन्तों-कलाकारों की पूरी दृष्टि मीरा की कविता की जलधार-दृष्टि है—यह बातें समझते हुए ही मीरा तक जाना चाहिए।

—अनामिका

मीरा का युग

मेरे लिए राजस्थान तीर्थ है। राजस्थान के प्रत्येक कण में वीरों का रक्त बसा है, यहाँ का हर कण विद्रोह की ज्वाला से देदीप्तमान है। यहाँ की धरती मूल्यवान है। राजस्थान की यशस्वी शौर्य और बलिदान की धरती पर स्वर्ग की मन्दाकिनी की तरह मीरा की काव्यधारा बही है और इसलिए यह भूमि वन्दनीय है। कभी-कभी मैं सोचने लग जाती हूँ कि यदि इस भूमि पर मीरा की काव्य-गंगा नहीं बहती तो क्या होता? निःसन्देह शौर्य, त्याग और बलिदान इस भूमि की नारी की परम्परा रही है। यहाँ की नारी ने जिस हाथ से पाणीग्रहण स्वीकार कर आजीवन दाम्पत्य जीवन की कामना की, उसी हाथ ने अपने पति के हाथ में तलवार देकर, केसरिया बाना पहनाकर युद्धभूमि में सिर कटाने भेज दिया। यहाँ की बहिन ने अपने भाई की कलाई में राखी बाँधकर तुरन्त अपने सहोदर के हाथ में भाला देकर शत्रु-संहार के लिए रणक्षेत्र में बिदा किया। यहाँ की यशस्वी माता ने जिस बालक को अँगुली पकड़कर चलना सिखाया, उसी दुधमुँहे बच्चे को समय आने पर हाथ में छोटी-सी कटार थमाकर मरने के लिए मैदान में भेज दिया। राजस्थान की नारी अपने परम प्रिय व्यक्तियों को आवश्यकतानुसार मरने के लिए कर्तव्यभूमि पर भेजकर भी कभी भयभीत नहीं हुई और अन्त समय यहाँ की वीरांगना नारी ने जौहर की अग्नि को भी चन्दन समझकर हँसते हुए स्वीकार किया। इस प्रकार की वीरांगना नारियाँ विश्व के किस कोने में मिलती हैं? ऐसी वीर नारी आपको कहीं अन्यत्र मिल ही नहीं सकती। कर्तव्य के लिए

परम साहस के साथ सभी कष्टों को सहना ही यहाँ की नारी का धर्म रहा है। मीरा भी इसी भूमि की वीरांगना नारी है, उसने अपने अभिष्ट कर्तव्य के लिए दृढ़तापूर्वक सभी विषय परिस्थितियों का सामना किया था और तत्कालीन समाज के प्रति अपने तेजस्वी विद्रोहिणी स्वरूप को उजागर किया है। आप समझिए कि मीरा किस सीमा तक परम विद्रोहिणी रही होगी।

मीरा मध्ययुग की नारी है। मध्ययुग में अन्धकार और आलोक दोनों का मिश्रण रहा है। यह संघर्षकालीन युग रहा है। सामान्यतः छोटे-छोटे राज्यों के बीच संघर्ष होते रहते थे। इस काल में नारी की स्थिति शोचनीय थी। उस समय नारी के पास मुख ही नहीं था। उसको कहने, सुनाने तथा वाक् अभिव्यक्ति के लिए कोई आजादी ही नहीं थी। आप किसी मुखविहिन स्त्री की कल्पना कीजिए। मध्ययुग की नारी 'अनबोली' महिला थी, जिसका कोई चित्र ही नहीं बन सकता। मीरा का भी कोई यथार्थ चित्र मैंने अबतक नहीं देखा। मैं भी मीरा का कोई चित्र नहीं बना पाई, यद्यपि मैंने कई चित्र बनाए हैं। कोई चित्रकार मीरा का सही चित्र अबतक नहीं बना पाया है। मैं स्वयं भी इस प्रयत्न में असफल रही हूँ। मीरा के इस चित्र को आप ध्यान से देखें, इसमें क्या मीरा बोलती है? क्या उसकी ज्वाला बोलती है? नहीं बोलती है। उस युग में नारी की कोई स्थिति ही नहीं थी, अनबोले ही नारी उस युग में चरम बलिदान देती थी। मीरा अन्धकारपूर्ण मध्ययुग में उत्पन्न हुईं, कठोर पाषाणों की प्राचीरों के बीच उसके सुख के सभी साधन जुटाए गए थे। सम्पूर्ण राजसी सुख-वैभव के साथ मीरा को राणाशाही प्राचीरों ने घेर रखा था, किन्तु मीरा का जन्म भौतिक राजसी सुख-सुविधा के भोग हेतु निर्मित नहीं था। मीरा ने राजसी सुख की प्राचीरों के बीच रहकर अपने परम आराध्य 'गिरिधर गोपाल' का हाथ पकड़ा और सभी राजसी सुख-सुविधाएँ तथा तत्कालीन मर्यादाओं को छोड़कर वह जन-जन के बीच निकल आई। पाषाणी दीवारें गल गईं, राजकीय प्रतिबन्ध, मर्यादा टूट गई और अपने तम्बूरे पर 'गिरिधर गोपाल' की अलख जगाते हुए मीरा कंटकाकीर्ण जनपथ पर चल पड़ी। जहाँ-जहाँ इस परम विद्रोहिणी भक्तश्रेष्ठ मीरा के चरण पड़े, वहाँ-वहाँ भक्ति के पवित्र प्रसून खिल गए। मीरा का काव्य इस यशस्वी वीर नारी के चरणों का रक्तचिह्न है जिसमें गौरव है, सौन्दर्य है और पवित्रता है।

हमारे यहाँ कथा है कि जब समुद्र मन्थन हुआ, तब उसमें रत्नों के साथ 'विष' भी निकला। इस विष से बेचारे देवता जलने लगे। तब देवतागण शिवजी के पास गए। तब दयालु शिव ने इस विष को अपने कंठ में रख

लिया। भगवान विष्णु में इतनी शक्ति नहीं थी कि इस विष को पी जाते, शिवजी में भी ताकत नहीं थी कि इस विष को भीतर उतार पाते और इस विष को हजम कर इसको बदल देते। उन्होंने तो इस विष को अपने कंठ में रख लिया और 'नीलकंठ' बन गए। इसलिए अबतक शिवजी का कंठ नीला ही है। किन्तु वीरांगना मीरा ने तत्कालीन समाज के विष को न केवल कंठ में ही उतार दिया, अपितु इस विष को पचाकर भक्ति रसायन के द्वारा अमृत बना डाला। मीरा ने विष को अमृत बनाकर, इस विष को भक्ति गीतों में ढालकर, इस अमृत-प्रसाद को सम्पूर्ण जन-जन में बाँट दिया है। मीरा ने जो कुछ हमें दिया है, वह अमृत है, विष नहीं है। विषकृति नहीं है। ऐसी महान नारी किस युग में हो सकती है? कैसे होगी? कब होगी? कुछ भी तो कहा नहीं जा सकता।

मेरी मान्यता है कि नारी ही पुरुष की विधाता है। माता ही सन्तान पैदा करती है। सभी पुरुषों-स्त्रियों को माता ही जन्म देती है। गर्भ की देखभाल, जीवन संचार, वृद्धि माता की कोख में ही होती है, माता के आहार, रुधिर आदि से गर्भ को पोषण मिलता है। माता के रक्त से ही गर्भस्थ शिशु के शरीर, मन और हृदय का निर्माण होता है, अतः प्रत्येक पुरुष किसी नारी का सृजन है, स्त्री ने ही उसको बनाने में अपना सर्वस्व लगाया है, अपना सम्पूर्ण जीवन खपाया है। इसलिए भारतवर्ष में नारी का बड़ा महत्त्व माना जाता था, किन्तु मध्यकाल के अन्धकार युग में नारी का महत्त्व नाममात्र का रह गया था और मेरे जीवन के प्रारम्भिक काल तक नारी की उपेक्षा की जाती रही है। मैंने जितना पढ़ा है, उसमें भी मुझे बड़ी विषम स्थितियों का सामना करना पड़ा है। मेरे प्रारम्भिक युग में लड़कियों के लिए रामायण-वाचन से अधिक पढ़ना भी दोषपूर्ण माना जाता था। यह सोचा जाता था कि रामायण से अधिक पढ़ना ठीक नहीं है, किन्तु मैंने ही संघर्ष कर अपना अध्ययन जारी रखा। वैदिक काल में नारी को पढ़ने-लिखने के लिए कोई रुकावट नहीं थी। वेदकाल की नारी बहुत शक्ति-सम्पन्न रही है। जिस प्रकार मंत्रदृष्टा ऋषि हुए हैं, उसी प्रकार ऋषिकाएँ भी मंत्रद्रष्टा रही हैं। स्त्रियाँ ब्रह्मवादिनी भी रही हैं। प्रसिद्ध वैदिक ऋचा 'असतो मा सद्गमय, तमसो मा ज्योतिर्गमय, मृत्यों मा अमृत गमय' एक स्त्री की रचना है, पुरुष की नहीं। जब स्वामी विवेकानन्द जी शिकागो गए थे, उस समय वहाँ अनेक देशों एवं धर्मों की प्रार्थनाओं का वाचन हुआ, तो इन सब प्रार्थनाओं में भारतीय नारी द्वारा रचित इस प्रार्थना को सर्वश्रेष्ठ

माना गया। यह दिव्य ऋचा एक नारी के कंठ से निकली हुई है। स्त्री यदि वास्तव में स्त्री है तो उसका प्रत्येक क्षण ही सृजन है, हर क्षण उसकी अर्चना है, हर क्षण उसका तप है, यदि वह वास्तव में नारी है—माँ है।

आज के युग में और इस वर्ष जिसको 'अन्तर्राष्ट्रीय महिला वर्ष' कहा गया है, हम यहाँ मीरा जयन्ती मना रहे हैं। आज मुझे 45 वर्ष पूर्व का वह स्वप्न याद आता है, जब सुभद्रा कुमारी चौहान के साथ बैठकर हमने मीरा की जयन्ती मनाई थी। हमने सोचा था कि हम सबकी जयन्तियाँ तो मनाते हैं—सूर, तुलसी और कालीदास की जयन्ती मनाते हैं, तब फिर मीरा की जयन्ती क्यों नहीं मनावें? और अन्त में हमलोगों ने सोचकर इस रास पूर्णिमा के दिन मीरा की जयन्ती मना डाली। जन्मतिथि से हमें कोई मतलब नहीं था, मीरा का स्मरण करने के लिए हमारे लिए एक अच्छी तिथि का चुनाव करना ही पर्याप्त था। और रास पूर्णिमा की तिथि के अलावा मीरा को याद करने के लिए और कौन-सा दिन अधिक उपयुक्त हो सकता है? यह घटना सन् 1930 की है। भाई दयाशंकर जी को शायद इसकी याद हो। सन् 1930 में स्वर्गीय श्री सुभद्रा कुमारी जी चौहान की अध्यक्षता में हमने मीरा जयन्ती मनाई थी और आज इतने वर्षों के बाद आप सबके बीच मुझको मीरा जयन्ती में सम्मिलित होने का शुभ अवसर मिला है, इसलिए मुझे हार्दिक आनन्द का अनुभव हो रहा है।

रास पूर्णिमा का दिन ही मीरा जयन्ती मनाने के लिए सर्वथा उपयुक्त तिथि है, यही तिथि मेरी कल्पना में आई थी और 'मेरी अकेली मित्र' सुभद्रा की कल्पना में भी यही तिथि उपयुक्त मानी गई थी। आपने भी इसी तिथि का चुनाव किया है। मीरा जयन्ती के लिए यही दिन उपयुक्त है। आज श्रीकृष्ण का रास हो रहा है, मीरा का जन्म इसी रास पूर्णिमा के दिन होना चाहिए। इसके अतिरिक्त मीरा कब जन्म ले सकती है? जन्म तो हम भावना से लेते हैं, शरीर का जन्म आगे-पीछे भी हो सकता है। हमारा मन भावना में ही जन्म लेता है। जो क्षण हमें भावना में मिल जाता है, वह 100 वर्ष के बराबर है। उस क्षण के लिए हम समग्र जीवन जीते हैं। जीवन तो हीरे की खान की तरह है, जीवन-भर हम इस खान की खुदाई में लगे रहते हैं, खोदते चले जाते हैं, खोदते जाते हैं। मिट्टी का ढेर एक ओर करते हुए हम खुदाई में रत रहते हैं और मिट्टी को हटाते-हटाते अचानक हमारे हाथ में एकाध हीरक कण उपलब्ध हो जाता है, जिसके फलस्वरूप हमारा सम्पूर्ण जीवन, हमारी निरन्तर खुदाई, परिश्रम, समग्र जीवन यकायक सार्थक और

सफल हो जाता है, क्योंकि उस क्षण में हमें एक हीरक कण प्राप्त हो गया है, जिसके माध्यम से हम इस समष्टि के साथ एकाकार हो जाते हैं, और हमारा तुच्छ अहम उस विराट समष्टि का अथवा उस समष्टिकर्ता निर्माता के साथ एकाकार अथवा अखंड बन जाता है। उस समय, तब हम 'वह' हो जाते हैं। मीराबाई ने इस सत्य को 'जानत तुमहिं, तुमहिं होइ जाई' कहा है।

इस व्याख्यानमाला के अन्तर्गत हम मीरा के सम्बन्ध में विचार करेंगे कि मध्ययुग में नारी की क्या स्थिति थी, उस काल में नारी की स्थिति को सुधारने की दृष्टि से मीरा का क्या योगदान रहा, और इस कर्तव्य-मनोरथ की प्राप्ति के लिए मीरा को किन विषम सामाजिक, राजकीय स्थितियों एवं संघर्षों के बीच गुजरना पड़ा और इस दौरान में उसका विद्रोहिणी स्वरूप किस प्रकार शनैः-शनैः निखरता गया। मीराबाई के जीवन और काव्य का विचार करते हुए हमें उसका भारतीय साधना-परम्परा में स्थान भी निश्चय करना है। भारत की जो साधना है, वह केवल भक्ति आन्दोलन तक ही सीमित नहीं है। यहाँ पर साधना के विभिन्न क्षेत्र रहे हैं। यहाँ पर निर्गुण साधना है, सगुणवादी साधना भी है। यहाँ पर शैव, शाक्त तथा तान्त्रिक साधनाएँ भी रही हैं। इन अनेक प्रकार की साधना-पद्धतियों में मीरा का क्या योगदान रहा है, इसका भी हमें विचार करना है। इन सभी पहलुओं पर विचार करने के पश्चात् हमें काव्य की दृष्टि से मीरा-साहित्य का मूल्यांकन करना है और विविध साहित्यिक विधाओं के बीच मीरा का स्थान और उसके महत्त्व का निर्धारण करना चाहिए।

माननीय उपराष्ट्रपति महोदय ने अपने उद्घाटन भाषण में अनेक भक्त कवयित्रियों का उल्लेख किया है। दक्षिण भारत में गोदा अंडाल, अक्क महादेवी का बड़ा गौरव है। काश्मीर की महिला भक्त 'लल्लेश्वरी' का बड़ा सम्मान है। अक्क महादेवी जी के साहित्य का मैंने भी रसास्वादन किया है, वह मुझसे बहुत बड़ी हैं, मैं उनकी पुजारी हूँ। देश में अनेक महिला भक्त एवं कवयित्री हुई हैं। इन महान भक्तों एवं कवयित्रियों के बीच मीरा का क्या स्थान है, इस बिन्दु पर भी हमें विचार करना है। मैं तो मीरा की उपासिका हूँ। मीरा में इन सभी साधिकाओं की विशेषताएँ हैं, फिर भी मुझे मीरा में विशिष्ट विशेषता नजर आती है, अतः मैं मीरा को इन सबके साथ रखकर भी उसको अलग एवं अद्वितीय मानती हूँ। मीराबाई का योगदान भी अत्यन्त महत्त्वपूर्ण है। उसने अपने पदों के द्वारा समग्र देश को एक रखने का जो

महान राष्ट्रीय कार्य किया है, वह बेमिसाल है। मैंने गुजरात, कर्नाटक, बंगाल तथा समूचे दक्षिण तथा उत्तर भारत का भ्रमण किया है। देश के पूर्व-पश्चिम में, उत्तर-दक्षिण में सर्वत्र मैंने मीरा के पद सुने हैं। मीरा के पदों की उड़ान समूचे भारतीय आकाश में व्याप्त है, मानो कोई मुक्त पक्षी असीम आसमान में उड़ रहा है!

मीरा की साधना

आज मैं उस युग की बात कहना चाहूँगी जिसे भक्ति-युग कहते हैं। कतिपय विद्वानों का यह अभिमत है कि भक्ति-युग का कारण हमारी आक्रमणकारियों के सम्मुख पराजय भावना है। मैं इससे असहमत हूँ। निःसन्देह हमें विदेशी आक्रान्ताओं के सामने पराजित होना पड़ा था, जिसके फलस्वरूप हमारे जीवन में नैराश्य भावना का प्रादुर्भाव हुआ, किन्तु भक्ति-आन्दोलन चला है दक्षिण भारत से रामानुज के प्रभाव से। भारतीय जनता पर विदेशियों का आक्रमण हुआ था उत्तर पश्चिम क्षेत्र में और उत्तर पश्चिमोत्तर की जनता को ही मुख्यतः पराभव का जहर पचाना पड़ा था, दक्षिण भारत में इसका असर बहुत कम मात्रा में पहुँच पाया था। अतः इस विदेशी पराजय के फलस्वरूप भक्ति आन्दोलन के प्रादुर्भाव की मान्यता स्वतः गलत एवं भ्रान्तिपूर्ण प्रतीत होती है। भक्ति आन्दोलन का प्रादुर्भाव दक्षिण भारत में आलवार से है, बंगाल में बाऊल समुदाय से है और मध्य में सूर, तुलसी आदि भक्त कवियों से है। मैं यह नहीं मानती कि भक्ति आन्दोलन के ये सभी प्रेरक सन्त, कविगण पराजय-भावना के कारण ही भक्ति आन्दोलन में लग गए हों। भक्ति आन्दोलन तो भारतीय साधना का एक सहज विकास-क्रम है। जैसे समुद्र में ऊँची-नीची लहरें उठती हैं और कोई यह नहीं कह सकता कि कौन-सी लहर कब उठेगी और कब शान्त होकर नीचे बैठ जाएगी, उसी तरह भारतीय मानस के समुद्र से भिन्न-भिन्न प्रकार की लहरें उठती-बैठती रहती हैं, और किसी एक लहर के उठान को किसी एक विशिष्ट घटना के साथ

जोड़ दिया जाना उचित प्रतीत नहीं होता। मेरी समझ में यदि भक्ति आन्दोलन पराजय का परिणाम है तो इसका रूप ही कुछ और प्रकार का होना चाहिए था। राजनीतिक-सामाजिक पराजय का प्रभाव मुख्यतः तत्कालीन शासक वर्ग पर ही पड़ता है; ज्ञानियों, सन्तों और भावनाप्रधान संसार की झंझटों से दूर रहनेवाले वर्ग पर इसका अधिक प्रभाव पड़ना कम सम्भव है, अतः भक्ति आन्दोलनकर्ताओं पर विदेशी आक्रमणकारियों के समक्ष हार का प्रभाव पड़ने की चर्चा अर्थहीन-सी लगती है।

कल मैंने जिक्र किया था कि मुझे भी पढ़ने-लिखने के लिए संघर्ष करना पड़ा है। बीसवीं सदी के मध्यकाल तक नारी के स्वतन्त्र अध्ययन के लिए भी इस देश में रुकावटें थीं। जब मैंने वेदाध्ययन के लिए निश्चय अभिव्यक्त किया तो कई पंडित बौखला उठे। एक पंडित तो मूर्च्छित हो गए कि अब क्या होगा, क्योंकि मैं केवल शूद्र ही नहीं, अपितु शूद्रा थी; और वेदाध्ययन केवल द्विज पुरुष का ही अधिकार माना जाता था। अतः जब मैंने बनारस हिन्दू विश्वविद्यालय में आकर वेदाध्ययन के लिए प्रवेश लिया तो कतिपय पंडित समाज ने मुझे अपनी छात्रा स्वीकार करने में भी संकोच किया। फिर भी मैं अपने निश्चय पर डटी रही और मैंने अपना उच्च अध्ययन जारी रखा। मैंने विषम संघर्ष के बावजूद पढ़ना-लिखना जारी रखा। मुझे वरुण के सूत्र मिले हैं। मेरा ऋग्वेद का अनुवाद मुद्रणाधीन है। ऋग्वेद में कतिपय सूत्र हैं, जिनमें भक्त ही बोल रहा है। वरुण का अर्थ है आकाश का देवता, समुद्र का देवता जो असीम है और जो गहराई में अतल है। इन सूत्रों के माध्यम से जो कुछ कहा गया है, वही हमारे भक्त कवियों ने गीतों में गाया है। वेद सूत्रों में मुझे भक्ति भावना के दर्शन हुए और मुझको यह साम्य देखकर बड़ा आश्चर्य है कि भक्तवाणी भी ऋषि ऋचाओं के समान मर्मस्पर्शी है। ऋषिगण ज्ञान के माध्यम से जो संकेत देते हैं, भक्तजन भावना से वही सत्य प्रगट करते हैं। ज्ञान और भावना का यह सामंजस्य ही हमारे धर्म की अपनी विशेषता है। मीरा-चर्चा के दौरान में यह विवेचन प्रसंगान्तर हो सकता है, फिर भी संक्षेप में मैं इस बाबत उल्लेख करूँगी ही। मैं आपको बताना चाहती हूँ कि कुछ धर्म ऐसे हैं, जिनका उद्भव दर्शन से नहीं है, अपितु उन देशों का दर्शन धर्म से प्रभावित है, किन्तु हमारा धर्म दर्शन से प्रभावित है। हमारे यहाँ दर्शन पहले आया, और धर्म ने दर्शन का अनुसरण किया। आप में से किसी ने 'नासकीय सूत्र', 'नारदीय सूत्र' पढ़े होंगे। जिज्ञासा का जैसा रूप इन सूत्रों में है, वैसा रूप कदाचित कहीं और नहीं मिलेगा। मेरी तो विनम्र

मान्यता है कि मनुष्य ही आदिमयुग है। मुझे तो ऐसा लगता है कि वैदिक काल में आदिम अवस्था नहीं थी, अपितु वैदिक काल में वास्तविक धर्म की तरुणाई थी। इस काल में मानव की जिज्ञासा जगी। एक प्रसंग में कहा गया है कि वह शून्य में साँस लेता था और आगे चलकर यह भी कहा गया है कि वह साँस ही नहीं लेता है। तत्सम्बन्धी सम्पूर्ण जिज्ञासा इतनी सुन्दर, इतनी अच्छी है कि इसका अनुभव इसके अध्ययन से ही हो सकता है। आगे चलकर इसी जिज्ञासा-वृत्ति से हमारे ज्ञान के कतिपय स्रोत निकल पड़े, जिसको हम सांख्य, मीमांसा, योग, वेदान्त आदि दर्शन कहते हैं। भारतीय षट् दर्शनों में से दो अथवा तीन दर्शनों ने हमारे धर्म को अद्भुत रूप से प्रभावित किया है। वेदान्त दर्शन ने सर्वोपरि यहाँ के धर्म को प्रभावित किया है। हम शून्य से उत्पन्न नहीं हो सकते, हम उत्पन्न होते हैं आकृतियों के बीच और यह रंगीन आकृतियाँ भी स्थायी नहीं हैं। सभी आकृतियाँ बनती-बिगड़ती रहती हैं। वृक्ष की डाल पर जब पुराना पत्ता गिर जाता है तो वहीं दूसरा नया पत्ता आकर उस स्थान को ढक लेता है। पतझड़ में पुराने पत्ते झड़ जाते हैं, और बसन्त ऋतु में उसी वृक्ष पर नव पल्लव छा जाते हैं, पतझड़ तथा बसन्त का यह क्रम सनातन काल से चला आ रहा है। मानव ही इस विचित्र स्थिति को देखता, समझता है और इसकी व्याख्या करता है। वह आकृतियों, रूप-रंग, लय-विलय, मृत्यु-जीवन के रहस्य को समझने का प्रयत्न करता है। उसने चेतना के एक तत्त्व को माना, वही सृष्टि में व्यक्त होता है और वहीं तत्त्व सृष्टि में लय भी हो जाता है। वेदान्त के अनुसार हमें जो आकृतियाँ दीखती हैं, उनको आभास कहा गया है। आकृतियों को उसी की अभिव्यक्ति कहा गया है, और इनका उसी में विलीनीकरण माना गया है। आज का विज्ञान भी लगभग यही प्रतिपादित करता है कि जो ऊर्जा है, वह वस्तु (मैटर) में बदल जाती है और जो वस्तु (मैटर) है, उसका भी ऊर्जा (एनर्जी) में परिवर्तन होता रहता है। वेदान्त में भी यह कहा गया है कि वह (आत्मा) ही चेतना का तत्त्व है, जो सृष्टि में व्यक्त होता है और भौतिक (पार्थिव) तत्त्व बदलकर उसी में एकाकार हो जाता है। इस विशिष्ट दर्शन ने हमारे धर्म को एक विशेष दिशा दी है, जिसको हम 'सन्तमत' कहते हैं।

आगे जाकर यह प्रश्न उठा कि हम अपने आपको उस विराट चेतना से कैसे मिलाएँ? इस प्रश्न का जो उत्तर दिया गया है, वह हमें सिद्धों के साहित्य में मिलेगा, इसका उत्तर गोरखपन्थियों के साहित्य में मिलेगा। कबीर, दादू,

रैदास, मीरा आदि ने भी इस प्रश्न का उत्तर अपनी वाणियों में अभिव्यक्त किया है। समूचे सन्त साहित्य में इस महत्त्वपूर्ण प्रश्न का समाधान प्रस्तुत करने का प्रयत्न किया गया है, किन्तु इन विविध उत्तरों और प्रस्तुतीकरण का आधार वेदान्त दर्शन है। वेदान्त मान्यता के अनुसार अखिल विश्व में केवल ब्रह्म की ही स्थिति है। सर्वत्र ब्रह्म व्याप्त है, वही एकमात्र तत्त्व है, वही सत्य है, वही आत्मा-परमात्मा है। जिस प्रकार गंगा में खड़े होकर गंगाजल को घड़े में भरने पर वह 'घड़े का पानी' कहा जाता है, कटोरी में भरने पर उसको 'कटोरी का जल' कहते हैं, किन्तु मूलतः घड़े और कटोरी दोनों में गंगाजल ही है। यदि गंगा में खड़े रहकर घड़े को फोड़ दिया जाए अथवा कटोरी को तोड़ दिया जाए तो वह घटजल अथवा कटोरी का पानी गंगाजल में मिलकर केवल गंगाजल हो जाएगा। इसी प्रकार विभिन्न वस्तुओं का सार तत्त्व, मूलाधार केवल मात्र एक 'ब्रह्म' को ही समझा जाना चाहिए। इस वेदान्त दर्शन ने हमारे देश के धर्म को अत्यधिक प्रभावित किया है और इसी दर्शन के फलस्वरूप धर्म के सर्वत्र 'मूलभूत एकत्व' रूप को बड़ा महत्त्व दिया गया है।

मनुष्य की चेतना से आप परिचित ही हैं। यह एक चेतना नहीं है, अपितु यहाँ चेतनाओं का संघात है। आज के वैज्ञानिकों ने यह प्रमाणित किया है कि वृक्षों में भी जीवन है और वृक्ष भी जरा-मृत्यु के शिकार होते हैं, रोगग्रस्त होते हैं, उनको स्वस्थ बनाया जा सकता है, उनका भी जन्म तथा मृत्यु होती है। भारत के यशस्वी वैज्ञानिक श्री जगदीशचन्द्र बसु ने ही यह प्रमाणित किया था कि वृक्षों में भी जीवन है। लेकिन हमारे ऋषि जानते थे कि वृक्षों में भी जीवन है, हमारे कवि भी जानते थे कि वृक्षों में जीवन है, और इसलिए उन्होंने वृक्ष-लताओं को मानव का साथी माना था।

हम प्रायः यह अनुभव करते हैं कि मानव अपूर्ण है, मनुष्य के साथ वनस्पति भी अधूरी है, समस्त प्रकृति अधूरी और हर वृक्ष, लता में कहीं न कहीं कमी है। चेतना के तत्त्व की दृष्टि से कहीं सुसुप्त चेतना है, कहीं प्रसुप्त चेतना है, कहीं अवचेतना है तो कहीं पराचेतना है। मानव के चित्त में सारी चेतनाएँ हैं। आज का मनोविज्ञान पराचेतना की स्थिति को स्वीकार नहीं करता, किन्तु उसने अवचेतना को प्रायः मान लिया है। आज का मनोवैज्ञानिक मानता है कि संसार अवचेतना में रहता है, जो यदाकदा चेतना स्तर पर जाग पड़ता है। इस सिद्धान्त का भी धर्म पर प्रभाव पड़ा है। भक्ति-आन्दोलन का इसी प्रतिक्रिया में विकास हुआ है। मुझको तो ऐसा

प्रतीत होता है कि भक्ति आन्दोलन का प्रादुर्भाव वरुण सूत्रों से चला आ रहा है, अर्थात् हम चेतना तथा विराट चेतना को मानते हैं और तब से आज तक हम चेतना और विराट चेतना के बीच तादात्म्य स्थापित करने की खोज में लगे रहे हैं। किन्तु इसका माध्यम क्या है? ईश्वर से मानव को मिलाने का माध्यम मनुष्य ही हो सकता है। हमारा महाभारतकार कहता है कि मनुष्य से श्रेष्ठ और कुछ नहीं है। मनुष्य ही विधाता की सर्वश्रेष्ठ कृति है। इस विचारधारा के फलस्वरूप एक ऐसी अवधारणा का जन्म हुआ है, जिसके अन्तर्गत मनुष्य में ही ईश्वर की सारी शक्तियाँ स्थापित की गई हैं। इसी विचार को हम 'अवतारवाद' की संज्ञा से पहचान सकते हैं। अवतार का अर्थ ही है–अवतरण। वैसे हम सभी अवतार हैं। किसी चेतना के अवतार तो हैं ही हम। वास्तव में अवतारवाद का उद्भव निराकार ब्रह्म की प्रतिक्रिया में हुआ है, क्योंकि मानव-मन निराकार ब्रह्म के द्वारा अपनी सभी विविध समस्याओं का समाधान नहीं खोज पाता। मैं स्वयं निर्गुणवादी हूँ, अतः मुझको तो इस वाद में अपनी समस्याओं का समाधान होता लगता है, किन्तु जन-साधारण को निर्गुणवादी सिद्धान्त से सन्तोष नहीं मिल सकता। शून्य में वह किसको पुकारे। सामान्यतः निर्गुण ब्रह्म के साथ औसत मानव अपना सम्बन्ध स्थापित करने में कठिनाई का अनुभव करता है, क्योंकि वह निर्गुण निराकार के साथ मानवीय सम्बन्ध स्थापित किए बगैर उसके प्रति समर्पित नहीं हो सकता। उसको वह पुकार नहीं सकता, इसलिए वह तब क्या करे? इसलिए निर्गुण ब्रह्मवाद के बदले जन-साधारण ने 'अवतारवाद' के सिद्धान्त को अपनाया और इस अवतारवाद की धारणा से भक्ति आन्दोलन को बल मिला। अतः हमारे देश में राम-भक्ति, कृष्ण-भक्ति की धारा बह चली। मीरा कृष्ण-भक्ति-आन्दोलन की समर्थ नायिका है। श्रीराम, श्रीकृष्ण और श्रीबुद्ध इसी भारतभूमि की सजीव, प्राणवान एवं यशस्वी उपज हैं, जिनको उनके परवर्ती समाज ने अवतार मानकर उनकी पूजा-अर्चना प्रारम्भ कर दी। श्रीराम और श्रीकृष्ण की सगुण उपासना तो भारतवर्ष में अक्षुण्ण-अजर रह सकी, किन्तु बुद्ध की परम्परा को देश के बाहर जाना पड़ा, क्योंकि बौद्धवाद का सामंजस्य इस धरती के परम्परागत दर्शन तथा धर्म-प्रणाली से नहीं बैठ सका। भक्ति आन्दोलन ने ज्ञान को ज्ञान के रूप में नहीं लिया, उसने ज्ञान के रसायन को भावना के रसायन में बदल डाला और इस प्रकार जब ज्ञान का रसायन भावना बन गया, तब भक्ति आन्दोलन भी पूर्वकालीन ज्ञान के परिवर्तित रूप के साथ इस देश में लहरा उठा। आप जानते हैं कि पारा खाने

से आदमी मर जाता है, किन्तु पारे से बने मकरध्वज के सेवन से मृत प्रायः व्यक्ति भी जी उठता है। बुद्ध का शून्यवाद भारतीय जनता के लिए पारा लगता था, उसके माध्यम से मनुष्य को कोई मदद नहीं मिलती थी। इसके अलावा बुद्ध का शून्यवाद आगे जाकर महायान का तन्त्रवाद बन गया, अतएव इस वाद से जनता दूर होती चली गई और समय आने पर इस बौद्धवाद को इस देश से किनारा कर लेना पड़ा। इसके विपरीत भक्तिवाद ने बौद्धवाद की तरह भारतीय जातिवाद तथा समग्र रूढ़िवाद का विरोध करते हुए 'जात-पाँत पूछे नहीं कोई, हरि को भजे सो हरि का होई' का सार्थक नारा दिया, जिसके फलस्वरूप सभी वर्णों ने इस नवीन भक्तिवाद को हृदय से अपना धर्म और जीवन-दर्शन की तरह स्वीकार कर लिया और समूचे राष्ट्र में भक्ति आन्दोलन की गंगा चल पड़ी। दक्षिण भारत में ब्राह्मण-अब्रह्माण की विकट समस्या थी। वहाँ पर जिस मार्ग से एक ब्राह्मण गुजरता था, उस मार्ग से एक शूद्र—अछूत बगैर पुकारे गुजर ही नहीं सकता था। आप कल्पना करें कि उस युग में कितना भयंकर जातिवाद था, जहाँ समान रक्त-मांस के दो मनुष्य (एक ब्राह्मण तथा एक शूद्र) एक मार्ग पर चल नहीं सकते थे। किन्तु इसी दक्षिण भारत से भक्ति आन्दोलन की एक प्राणवान बदली उठी, जिसके फलस्वरूप जात-पाँत का भेद खत्म हो गया और हरि को भजनेवाला जाति समूह एक हो गया। इस प्राणवान भक्ति आन्दोलन को केवल पराजयजन्य भावना का प्रतीक मानना कितना भ्रान्तिपूर्ण है, इसका निश्चय आप सब आसानी से कर सकते हैं।

हमारे प्राचीन साहित्य में 'अर्द्धनारीश्वर' का उल्लेख मिलता है—शिव को 'अर्द्धनारीश्वर' स्वरूप कहा गया है। रुद्र वैदिककालीन देवता हैं। शिव को हमारे यहाँ अनार्य देव माना गया है। अर्द्धनारीश्वर स्वरूप में इन दोनों का संगम हुआ है। यह दोनों कठोर देवता हैं। अर्द्धनारीश्वर का आधा दाहिना अंग कठोर है, किन्तु इसका वामांग कोमल है, जिसको नारीमय दर्षित किया गया है। हृदय-स्थल वामांग में स्थित है। हृदय ही शरीर का मुख्य अंग है। मस्तिष्क काम नहीं करे तो भी आप जीते रह सकते हैं, किन्तु हृदय ने ज्यों ही काम करना बन्द किया, तुरन्त व्यक्ति मर जाता है। वामांग-हृदय प्रदेश भावनाओं का उद्गम स्थल है। भक्तों ने इस हृदय प्रदेशीय आधे अंग को जगाया, जिसके फलस्वरूप पूरा देश भावनामय हो गया। भक्ति आन्दोलन का हमारी भारतीय संस्कृति के निर्माण में सर्वोपरि प्रभाव है। इस भक्ति आन्दोलन में मीरा कि महत्त्वपूर्ण भूमिका रही है। मीरा के पक्ष में कुछ ऐसे

तत्त्व हैं जो अन्य किसी भक्त के जीवन में नहीं पाए जाते। लिंगभेद की दृष्टि से भक्तों का पुरुष तथा नारी भक्तों की श्रेणियों में विभाजन किया जा सकता है और सहज रूप से नारी भक्त की श्रेष्ठता प्रतिपादित की जा सकती है, क्योंकि भक्ति, समर्पण आदि मूलतः स्त्रियोचित गुण हैं। किन्तु नारी भक्तों की परम्परा में भी मीरा का स्थान सर्वोच्च है।

अवतारवाद के दौरान में अर्द्धनारीश्वर स्वरूप की कल्पना पर प्रभाव पड़ा। अवतारवाद ने अर्द्धनारीश्वर में पुरुष और नारी को अलग-अलग कर दिया। अर्द्धनारीश्वर शिव 'सीया-राम' अथवा 'राधा-कृष्ण' बन गए। तुलसीदास कहते हैं–'सियाराम मय सब जग जानी, करौं प्रणाम जोरि जुग पानी'। अर्थात् राम-सीता एक नहीं हैं, अलग-अलग हैं। इसी तरह पहले कृष्ण का प्रादुर्भाव हुआ और उसके उपरान्त उनकी पूर्णता के लिए राधा। राधा का जन्म तो बहुत बाद में हुआ। राधा की उद्भावना कितने दिन बाद हुई है, यह विद्वान जानते ही हैं। लेकिन राधा के बिना श्रीकृष्ण अपूर्ण हो गए थे, इसीलिए सगुणोपासना में श्रीकृष्ण के पास राधा को स्थापित किया और राम के वामांग में सीताजी को बिठाया। और यही क्रम सब जगह भक्तिमार्ग में मिलता है। श्मशानवासी नंग-धड़ंग शिव के सान्निध्य में हिमालय सुता पार्वतीजी को प्रति स्थापित करने का क्रम भी इसी प्रवृत्ति की देन है।

भक्ति आन्दोलन के प्रसंग में मीरा की विशेषता के सम्बन्ध में मैं क्या कहूँ? मीरा तो साक्षात् 'राधा' है। अष्टछाप के कवि तो अपने आपको श्रीकृष्ण का सखा कहते हैं। सूरदास ने सखाभाव से कृष्ण-लीला का वर्णन किया है, उन्होंने गोपियों, यशोदा, उद्धवजी के माध्यम से अपना श्रीकृष्ण के प्रति आन्तरिक प्रेम प्रकट किया है, किन्तु मीरा ने तो दिल खोलकर अपने 'गिरिधर गोपाल' को अपना वास्तविक पति मानने की डोंड़ी पीट दी है। मीरा तो स्वयं राधा बन गई है। सूरदास के भ्रमरगीत में गोपियों के तीव्र विरह का मर्मस्पर्शी वर्णन है, किन्तु मीरा के प्रत्येक गीत में उसकी उसके गिरिधर गोपाल के प्रति तीव्रतम उत्कंठा, आतुरता, भाव-विह्वलता का परिचय मिलेगा। मीरा का कृष्ण के प्रति जो प्रेम है, वह पति-पत्नी के प्रेम से भी अधिक गहरा है, प्रियतम-प्रेयसी के प्रेम से भी अधिक गहरा तथा अधिक व्यापक है। मीरा ने तो समूचे गोविन्द को मोल ले लिया है–'माई री मैंने लियो गोविन्दो मोल। कोई कहे महँगो कोई कहे सस्तो, लियो है तराजू तोल।' मीरा की यह प्रेम-विह्वलता अनुपम है। भक्ति-युग में मीरा की उपासना का यह निराला ही

ढंग है। उसने सचमुच उस युग में एक अद्भुत प्रेरणा दी है। यह प्रेरणा बंगाल के बाऊलों में मिल जाती है, महाप्रभु चैतन्य में भी इसी प्रेरणा के दर्शन होते हैं। अंडाल में भी यही भाव मिलता है। प्रेम इतना व्यापक रहता है कि उसमें सभी भाव समाए जा सकते हैं। बुद्ध की महाकरुणा और महामैत्री के भाव के दर्शन मुझे मीरा के काव्य में होते हैं। मीरा को किसी से द्वेष नहीं था। सम्पूर्ण प्रेममयी मीरा के लिए नश्वर सांसारिक द्वेष के लिए स्थान ही नहीं हो सकता, इसलिए मीरा के पदों में किसी के प्रति कोई शिकवा-शिकायत ही नहीं है। द्वेष के सम्बन्ध में वह कहती ही नहीं है, वो कह ही नहीं सकती थी, क्योंकि मध्ययुग की नारी का मुख ही नहीं था। उस युग की नारी तो शिकायत को मुख के बाहर आने ही नहीं देती थी और अनबोले ही दृढ़तापूर्वक सभी विपदाओं-विपत्तियों के खिलाफ संघर्ष में रत रहती थी।

कहा जाता है कि राणा ने मीरा को विष का प्याला भेजा। मीरा विष पी गई। विष दिया तो भी ठीक। उसने विष भेजनेवाले को भी बुरा नहीं कहा, किसी के खिलाफ मीरा ने दोषारोपण नहीं किया। मीरा के पद आत्म-तादात्मक हैं और मुझको लगता है कि चूँकि लिखित नहीं थे, इसलिए मीरा के पदों का फैलाव मीरा-भक्तों के एक कंठ से हजारों कंठों तक हो गया है। इसलिए मीरा के पदों के साथ कुछ अन्य पद भी जनता में चल पड़े हों। ऐसा भी हो सकता है कि पदों में और कुछ मिला दिया गया हो, लेकिन किसी का साहस नहीं हुआ कि वह इन पदों के माध्यम से किसी के लिए दुर्वचन कहला दे। क्योंकि मीरा तो साक्षात् साकार प्रेममयी है, वह साकार प्रेम की लपट है, ज्योति है जिसमें कालिमा, कटुवचन, बुराई की कोई गुंजाइश ही कैसे रह सकती है। वह बिलकुल ज्योतिर्मयी है। 'ज्योति की तसवीर, क्षमा माँगी'। निरालाजी का पद है, जो अभी-अभी मीरा के सम्बन्ध में सोचते समय याद आ गया। मीरा के काव्य में एक आलोक है, विद्युत है, जिसमें कहीं पर भी किसी के प्रति कोई दुर्भावना नहीं है। यद्यपि सन्तों ने और निर्गुणवादियों ने यदा-कदा समाज और शास्त्रों को भला-बुरा भी कहा है। कबीर ने तो सबकी खबर ली है, खूब कठोरता के साथ पंडित, मुल्ला को भी फटकारा है, किन्तु मीरा ने केवल मधुर रस बहाया है, मधुर कहा है, उसके पास माधुर्य के अतिरिक्त कुछ है ही नहीं। रसोभवः, ब्रह्म ही रस-रूप है। रस ही ब्रह्म है, रस ब्रह्म में लीन हो गया। रस-रूप हो गया, वह आनन्द ही है, इसलिए कौन किसको कष्ट दे? मीरा तो किसी को भी कष्ट दे ही नहीं सकती। मीरा तो

माधुर्यपूर्ण श्रेष्ठ भक्त नारी है, सर्वांग प्रेममयी, मधुर, साक्षात् राधा स्वरूपा।

भक्ति आन्दोलन में अन्य नारी भक्तों का भी बड़ा महत्त्व है। अंडाल थी, जो शायद सातवीं सदी में हुई लेकिन अंडाल की पृष्ठभूमि मीरा के सन्दर्भ से जुदा थी। अंडाल को भक्ति-प्रेरणा उसके पिता से मिली थी। उसके पिता श्रीरंगजी के मन्दिर में हमेशा माला पहुँचाया करते थे। वह माला बनाते थे, चुनकर फूल लाते थे, माला बनाकर रंगजी को चढ़ाते थे। एक दिन पिता को कुछ काम था, अतः उन्होंने माला बनाने का काम बालिका को सौंप दिया। बालिका ने श्रीरंगजी के लिए बड़े चाव से, ध्यान से माला बनाई और पहले खुद पहन ली। पिता ने यह देख लिया। पिता अबोध बालिका पर भगवान की माला पहन लेने के लिए नाराज भी हुए, इसलिए उन्होंने नई माला बनाकर श्रीरंगजी के गले में डाली। किन्तु भगवान श्रीरंगजी ने इस नई माला को स्वीकार नहीं किया, वह नई माला गिर गई और पिता को स्वप्न में आदेश प्राप्त हुआ कि भगवान श्रीरंगजी को बालिका की पहनी हुई माला ही चाहिए—दूसरी माला का कोई महत्त्व ही नहीं है। अतः पिता ने अंडाल को वधू की तरह सजाया और श्रीरंगजी से उसका विवाह कर दिया, फलतः वह मन्दिर में ही रहने लगी, वह देवदासी बन गई। दक्षिण भारत में देवदासी प्रथा बहुत पुरानी है, इसलिए भक्त अंडाल की घटना तो साधारण बात हो गई। अंडाल के पास कोई दूसरा रास्ता ही नहीं था। वह श्रीरंगजी के मन्दिर की एक शोभा बन गई। किन्तु मीरा की स्थिति की आप कल्पना कीजिए। मध्ययुग के पाषाणी युग में वह मेड़ता राजनन्दिनी थी, यशस्वी मेवाड़ के राजघराने की वह सजीली राजवधू थी। मर्यादा, लोक-बन्धन तथा कट्टर पाषाणी समाज में मीरा का करताल लेकर राज प्राचीर से बाहर निकलना तथा जन-जन के साथ मिलकर अपने प्रियतम गिरिधर गोपाल के प्रेम का नक्कारा पीटना तत्कालीन समाज के विरुद्ध भीषण एवं गम्भीरतम विद्रोह था। अतः मीरा को मैं मध्ययुगीन नारी के विद्रोह का प्रतीक मानती हूँ।

मीरा के जीवन के इतिहास के लिए खोज होनी चाहिए। उसके जीवन के सम्बन्ध में अभी तक हम पता नहीं लगा सके हैं कि सम्वत् 1403 से लेकर 1516 तक उसका जीवनकाल क्या रहा। इस सम्बन्ध में विद्वानों के बीच बड़े-बड़े मतभेद हैं। कोई यह कहता है, कोई वह कहता है। कोई मीरा का सम्बन्ध राणा प्रताप से जोड़ता है, कोई उसे भोजराज की पत्नी कहता है, किन्तु प्रामाणिक प्रकार से न उसके जन्म सम्वत् का पता है, न उसके पति के नाम का पता है और यह भी निश्चित नहीं हो सका है कि मीरा किस

स्थान पर कब से कब तक रही। मीरा ने अपने काव्य के माध्यम से अपना कुछ परिचय दिया है, बहुत ही कोमल भाव से उसने आत्म-अभिव्यक्ति की है। मीरा ने कहा है, 'म्हाने मीठी लागे बदनामी, ए राणाजी!' अर्थात् मुझे बदनामी भी अच्छी लगती है। बदनामी और अपयश को कौन पसन्द कर सकता है? और इसको 'मीठा लगना' तो केवल मीरा ही कह सकती है। यह मध्ययुग की नारी की समग्र समाज को दी जानेवाली चुनौती है। मीरा ने हलाहल को स्वीकार किया, निर्वासन को भोगा। उसने कहाँ मृत्यु पाई, यह इतिहास से सिद्ध नहीं है। केवल इतना प्रमाणित है कि उसको विषम संघर्षों के बीच गुजरना पड़ा, उसने सहर्ष विषपान किया, तब भी वह अपने आराध्य में तन्मय रही। ऐसी कोई समर्थ वीरांगना, विद्रोहिणी नारी वैदिक साहित्य से अब तक मुझे तो नहीं मिली। वैदिक साहित्य में भी तत्त्वदर्शी महिलाओं का उल्लेख है, वैदिक साहित्य में भी ऋषिकाएँ, ब्रह्मवादिनी महान नारियों के प्रसंग मिलते हैं, जिनका समर्पित जीवन रहा है। हर संस्कृति में और प्रत्येक धर्म में स्त्री का महत्त्व माना गया है। प्रत्येक धार्मिक विधि में नारी की अनिवार्य भूमिका स्थिर है, उसके बिना कोई धार्मिक अथवा सामाजिक अनुष्ठान अधूरा समझा जाता है। भारतवर्ष में नारी को सहधर्मिणी कहा गया है, जिनमें से कुछ ब्रह्मवादिनी रही हैं, कुछ अध्ययन-अध्यापन में रत रहती थीं। कुछ कुँवारी रहती थीं, कुछ विवाह करती थीं, कुछ गृहस्थ रहती थीं और कुछ संन्यासिनी भी रहती थीं। प्राचीन काल में कुछ राजकन्याओं द्वारा ऋषियों से विवाह करने का जिक्र भी मिलता है, किन्तु समाज तथा उस युग की परम्पराओं से संघर्ष करनेवाली नारी के दर्शन मुझे केवल मीरा में ही होते हैं। आधुनिक काल में 'खूब लड़ी मर्दानी वह तो झाँसीवाली रानी थी' झाँसी की रानी लक्ष्मीबाई बड़ी वीरता से अंग्रेजों से लड़ी। चाँद बीबी भी तत्कालीन हुकूमत के खिलाफ बहादुरी से लड़ी, किन्तु मध्ययुग में मीरा की यह अहिंसक लड़ाई अद्भुत ही थी। मीरा की चुनौती समग्र समाज के प्रति थी, वह सम्पूर्ण युग के खिलाफ लड़ी, पूर्ण माधुर्य के साथ, किसी को बुरा-भला तक नहीं कहा और इस प्रकार मीरा की लड़ाई तो इतिहास में बेमिसाल है, अद्वितीय है। उसकी उपासना में भी एक ऐसा माधुर्य था कि उसके जो साध्य थे, तत्कालीन शक्ति के जो अधिष्ठाता थे, उन सबको मीरा ने एकदम मौन कर दिया। जो लोग केवल ज्ञान को ही महत्त्व देते थे, उनको भी मीरा ने अपने गिरिधर गोपाल के प्रेम में ऐसा शराबोर कर दिया कि वास्तव में कोई यह समझ ही नहीं सका कि मीरा क्या कहती है और उसके कहने में क्या

नवीनता है। मीरा के काव्य की विशेषता तो यही है कि मीरा को भाव-अभिव्यक्ति हेतु किसी माध्यम की जरूरत ही महसूस नहीं हुई। सूर और अष्टछाप के कवियों ने गोपी, यशोदा, ग्वाल, गाय, ब्रज आदि माध्यमों के द्वारा कृष्ण-लीला का वर्णन किया, किन्तु मीरा को तो उसके तथा उसके गिरिधर गोपाल के वर्णन के लिए किसी माध्यम की आवश्यकता ही अनुभव नहीं हुई। उसने कोई नया माध्यम खोजा ही नहीं। ईश्वर और हमारे बीच क्या माध्यम हो सकता है? माध्यम की जरूरत ही क्या है? मीरा ने तो गिरिधर गोपाल, कृष्ण को अपनी आँखों, वाणी और हृदय में बसा लिया–जिसके सिर पर मोर-मुकुट है, हाथ में बाँसुरी है और इस कृष्ण को मीरा अपने साथ लेकर करताल बजाकर नाच पड़ी। मीरा करताल बजाकर नाच रही है और मीरा के साथ कृष्ण भी बाँसुरी में स्वर भर उसके साथ नाच रहे हैं। मीरा-कृष्ण का सह-नृत्य मीरा के काव्य में परिलक्षित होता है। इस अलौकिक तन्मयता के दर्शन मुझे मीरा के सिवाय किसी अन्य के काव्य में नहीं होते हैं, इसलिए मेरी दृष्टि में मीरा की साधना अद्वितीय है। मीरा कृष्ण के संग और कृष्ण की बंसी मीरा के ही साथ है। यहाँ इस बाँसुरी में मीरा का रव ही मुखरित होता है। मीरा करताल लेकर अकेली नहीं नाचती, वह तो अपने साथ कृष्ण को भी नचा रही है और कृष्ण की बाँसुरी में वह अपना स्वर ही बजवा रही है। भक्त भगवान के आँगन में नाचे हैं, किन्तु प्रेममयी मीरा ने तो भगवान को अपने साथ नचा डाला है, और उनकी बाँसुरी में अपनी साँस फूँक दी है। इस दृष्टि से मीरा-साहित्य का यदि मूल्यांकन किया जाए तो निःसन्देह मीरा की साधना-परम्परा अलौकिक एवं अद्वितीय ही सिद्ध होगी।

मीरा ने समूचे मध्ययुग को चुनौती दी है, लेकिन उसने किसी नए धर्म, नए पंथ का कोई निर्माण नहीं किया। मीरा के कर्मक्षेत्र (राजस्थान, ब्रज अथवा काठियावाड़) में मुझे कोई मीरा-पंथ नहीं मिला। दक्षिण भारत में एक मीरा-पंथ कहा जाता है, लेकिन उसको बाद में वहाँ के लोगों ने बनाया होगा। मीरा को किसी पंथ को बनाने की फुर्सत ही कहाँ थी? जो व्यक्ति पत्थरों में से रास्ता बना रहा हो, काँटों पर चल रहा हो, अर्हिनिशि जिसका जीवन संघर्षरत हो, जिसको प्रेम की तन्मयता के अलावा अन्य कोई भाव ही नहीं हो, वह क्या पंथ बनाएगा? क्यों पंथ, सम्प्रदाय बनाएगा? उसका तो प्रत्येक पद चुनौती है। इसलिए दक्षिण स्थित 'मीरा-पंथ' कब से बना है? किसने बनाया है? इस पंथ का मीरा के साथ क्या सम्बन्ध है? इस बिन्दु पर भी

खोज होनी चाहिए।

आजकल खोज, रिसर्च, अनुसन्धान की बड़ी हवा है। अधिकांश रिसर्च स्कॉलर दस-बीस किताबें सामने रख लेते हैं और इनमें से कुछ अंशों का संग्रह कर अपनी थीसिस बना लेते हैं, फिर दौड़ लगाकर, दंडवत, प्रणाम कर, उपहार-प्रसाद बाँटकर डॉक्टरेट प्राप्त कर लेते हैं। वास्तविक शोध, अनुसन्धान, रिसर्च का हमारे देश में अभाव ही है। यदि मेरी इस उम्र में 10 वर्ष घट सकते तो मैं इस मेवाड़ में रहती, चितौड़ में रहती, उन सभी स्थानों पर ठहरती, जिनसे मीरा के जीवन का सम्बन्ध रहा है और तब उस भूमि तथा वहाँ के निवासी स्त्री-पुरुष, बच्चे, पेड़-पौधे, जमीन के साथ भेंट-मुलाकात, अध्ययन, अनुसन्धान, साधना के पश्चात् यह पता लगाती कि क्या मीरा सधवा थी अथवा विधवा? मीरा को समझने के लिए तथा मीरा के सम्बन्ध में तथ्य संग्रह के लिए तो जब तक कोई जीवन खपा नहीं है, तब तक मीरा को पाया जाना ही कठिन है। आप लोगों में से किसी को यह महत् कार्य करना चाहिए।

मीरा ने समूचे भक्ति आन्दोलन को प्रभावित किया है। मैं तो कहती हूँ कि मीराबाई ने इतने विशाल-विस्तृत भक्ति आन्दोलन को जगाया है। इतना बड़ा आन्दोलन, पूरब-पश्चिम, उत्तर-दक्षिण भारतवर्ष में फैला हुआ यह भावना-समुद्र इस महान नारी द्वारा प्रभावित है। समूचे भक्ति आन्दोलन में मीरा ही एक ऐसी स्त्री है, जिसने भक्ति को मर्यादा दी है, पवित्रता दी है और चुनौती भी दी है। मीरा के पद, काल और स्थान को लाँघकर वहाँ की जनता के हृदयहार बन गए हैं। आज आप गुजरात में जाकर कहें कि मीरा हमारी है तो वहाँ के लोग लड़ाई करने लगेंगे और कहेंगे कि मीरा गुजरात में व्याप्त है। सुदूर पूर्व बंगाल मीरा को अपनाने के लिए व्याकुल है, दक्षिण भारत में भी मीरा के पद लोकप्रिय हैं। पूरा देश मीरा को अपना समझता है। राजस्थान की भूमि के कणों से मीरा का शरीर बना है, किन्तु यहाँ उसकी कोई यादगार, स्मृतिचिह्न ही नहीं है, यह बड़े आश्चर्य का विषय है। यदि एक बार आप यह कह दें कि मीरा मेवाड़ तथा राजस्थान की नहीं है तो लोग एकदम आपके देखते-देखते गुजरात या ब्रज अथवा बंगाल को मीरा का कर्मस्थल बना डालेंगे। यही मीरा की महत् व्यापकता का एक तथ्य है, उसको अपनाने सम्पूर्ण देश तत्पर है, क्योंकि मीरा के पद भारतीय जनता ने आत्मसात कर लिए हैं, इसलिए मीरा सचमुच सम्पूर्ण देश की पवित्र धरोहर है, देश की सम्पदा है। वह भारत की गौरवान्वित महिला भक्त है।

मीरा में अद्वितीय विशेषता है, जो सहज में सम्पूर्ण भक्ति आन्दोलन का एक क्रम है। मीरा की प्रेम-साधना को न तो जौहर के बलिदान के साथ रखा जा सकता है और न उसका स्थान तलवार उठानेवाली वीरांगनाओं के साथ निश्चित किया जा सकता है। उसको न ज्ञानियों के साथ रखा जा सकता है और न योगियों के साथ। वह तो अनूठी है, एकाकी है, अद्वितीय है। वह आकाश की तरह व्यापक है। आकाश में कितने रंग के बादल आते हैं, आकाश में सब कुछ है, कितने रंग के पक्षी अन्तरिक्ष में उड़ते हैं। मीरा में जौहर है, संघर्ष है, चुनौती है, ज्ञान है, विज्ञान है, योग है, साधना है। सभी सद्‌गुणों का मीरा में समावेश है। सबके लिए मीरा के साहित्य में स्थान है। कोई सद्‌भाव मीरा से अलग नहीं है। उसके मधुर पदों में सभी भाव, अनुभव, भावनाओं के दर्शन होते हैं। मीरा के पद कहीं भी गाए जाएँ, किसी भी समय सवेरे, दोपहर, शाम, रात को गाए जाएँ—कोई भी गाए—स्त्री, पुरुष, बालक, वृद्ध सर्वत्र इनमें भावना की प्रतिष्ठा है, इनमें ब्रह्मलीन की सार्थकता है, पवित्रता है। सूरदास के पद भी सुन्दर हैं, तुलसीदास जी की भी 'विनयपत्रिका' अत्यन्त मर्मस्पर्शी है, किन्तु मीरा का काव्य अपने आप में अनूठा है। मीरा को तो अपने प्रियतम को कोई पत्रिका लिखने की आवश्यकता ही नहीं रही। 'औरन पिय परदेश बसत है, लिख-लिख भेजे पाती, मीरा के प्रभु उसके हृदय बसत हैं, कहीं न वह आती-जाती।' मीरा का गिरिधर गोपाल मीरा के हृदय में ही बस गया है, स्थिर हो गया है, अतः मीरा को तो खत-किताबत की भी दरकार नहीं है। मीरा की हर साँस उसकी पत्रिका है, मीरा की प्रत्येक श्वास-प्रश्वास में श्रीकृष्ण ही आता-जाता है, हर स्पन्दन में श्रीकृष्ण बोलता है, अतः मीरा के समान तो कोई भक्त ही नहीं है। समूचे प्राचीन तथा समकालीन भक्ति-आन्दोलन का आप सूक्ष्म अध्ययन कर लीजिए, शाक्त, शैव और अन्य साधना-परम्पराओं को छान डालिए, किन्तु जो प्रेम साधना आपको मीरा में मिलेगी, वह निःसन्देह अलौकिक, अद्वितीय तथा अनूठी ही मिलेगी। सभी साधना-पद्धतियों को पार करने के पश्चात् जो दिव्य एवं अलौकिक विशुद्ध आनन्द की उपलब्धि होती है, उसका रसास्वादन आप मीरा के प्रत्येक पद से सहज कर सकते हैं।

मैं बंगाल गई थी, वहाँ मैंने बाऊलों के गीत सुने, जिसमें भी मीरा के गीतों की प्रतिध्वनि सुनी है। मैंने उनको मीरा के कुछ पद सुनाए तो बाऊल नाचने लगे। कल्पना कीजिए मीरा के पद कितना समय और कितना भूगोल लाँघ चुके हैं। मीरा को मध्ययुग में पाषाणी सामन्तशाही प्राचीरों में काराग्रस्त

रखने का प्रयत्न किया गया था, उसके कंठ को जहर देकर सदैव के लिए बन्द किए जाने का संगठित प्रयास किया गया था, किन्तु महान ओजस्वी इस प्रेम-दीवानी मीरा के स्वर लगभग साढ़े चार सौ वर्षों के बाद भी किले की दीवारों को फोड़कर समूचे देश के भक्तों के कंठों और हृदयों में प्रतिध्वनित हो रहे हैं। यह कोई छोटा जादू नहीं है। वह कौन-सी शक्ति है, जो सारे देश में इतने वर्ष गुजर जाने के बावजूद आज भी व्याप्त है?

आज हम मीरा की जयन्ती मना रहे हैं। मैं समझती हूँ कि जिस व्यक्ति में भावना का जो क्षण आता है, जब भी किसी पवित्र विचार का उद्भव होता है, तब निःसन्देह इस सम्बन्ध में यह मीरा का ही योगदान है। पवित्र भाव और प्रेममयी भावना ही मीरा का प्रसाद है। मीरा ने हमारे भाव-जगत को अद्भुत निधि दी है, पूरे विचार-जगत को मीरा ने अनुपम योगदान दिया है, ऐसा मेरा विश्वास है। योगियों ने तो केवल शरीर की शक्तियों की साधना की, मीरा में भी इस सम्बन्ध के कुछ पद मिलते हैं–'पचरंग चोला पहन सखी मैं झुरमुट खेलन जाती।' मीरा के पद के समानान्तर पद निर्गुणवादियों में भी मिलते हैं। किन्तु मीरा के कतिपय मार्मिक पदों को न हम विशुद्ध ज्ञानियों के साथ रख सकते हैं और न उनको निर्गुणवादियों के साथ ही रखा जा सकता है, और न सगुण साकार, ईश्वर, अवतारवाद आदि माननेवाले उपासकों के साथ रखा जा सकता है। मीरा के पद तो अपने आप में एक विशेषता लिए हुए हैं–उनमें एक तन्मयमयी एकात्म भावना है जो केवल अकेली राधा में पाई जाती है। मैं कहती हूँ मीरा ही राधा है, यानि वह ऐसी राधा है जो कृष्ण से एक भी है और भिन्न भी है। मीरा और कृष्ण के बीच कोई माध्यम ही नहीं है, वह तो स्वयं राधा है और वह स्वयं प्रेम निवेदन करती है, अपने गीतों के द्वारा।

आज मैंने आपका कुछ अधिक समय ले लिया। कल भी मुझे कुछ कहना है। आज तो मैं केवल यही निवेदन करना चाहती हूँ कि मीरा के सम्बन्ध में वास्तविक शोध करने की बड़ी जरूरत है, और यह कार्य आपको इस 'मीरा प्रतिष्ठान' के माध्यम से सम्पादित करना ही चाहिए। इस मीरा जयन्ती समारोह के पश्चात् आप में से कर्मठ खोजकर्ताओं को मीरा के विस्तृत साहित्य में ऐसे विशुद्ध पदों का संकलन करना चाहिए जो क्षेपक-दोष से मुक्त हों। मीरा के पदों में यत्र-तत्र बहुत कुछ मिलावट हो गई है, आपको खोज कर इस मिलावट को कम करना है, मीरा के जीवन सम्बन्धी ऐतिहासिक तथ्यों को प्रामाणिक प्रकार से जानना है, मीरा के साहित्य का

यथार्थ मूल्यांकन प्रस्तुत करना है। इस प्रकार पर्याप्त शोध-खोज का काम करना है, जो मैं आशा करती हूँ कि आप करेंगे ही। मैं अगले वर्ष पुनः यहाँ आकर देखना चाहूँगी कि यहाँ पर कितना कार्य किया गया है। मैं एक बार चितौड़ को भी देख लेना चाहती हूँ। मैं चितौड़ के उन पत्थरों से कहती हूँ कि उन्होंने मीरा जैसी कोमल फूल-सी पवित्र नारी को पाषाणी प्राचीरों में बाँध रखा था, किन्तु उसने दुर्ग-नदी-प्रदेश-काल-स्थान को पाटकर भारत के जन-जन के हृदय में निवास कर लिया, अतः वह धन्य है, उसकी यह धरती धन्य है। मैं तो इस मीरा की भक्त हूँ, अतः उसे प्रणाम करती हूँ। आपको भी प्रणाम करती हूँ, क्योंकि आप इस मीरा के देश के निवासी हैं।

मीरा के गीत

गत दो दिनों से मुझे ऐसा अनुभव हो रहा है कि मैं मीरा की स्नेहमयी छाया में जी रही हूँ। इस पवित्र धरती को धन्य है जिसने मीरा जैसी अमर साधिका को जन्म दिया, जिसने समाज के हलाहल विष को केवल कंठ में ही नहीं रखा, जो नीलकंठा ही नहीं है, अपितु जिसने इस विष को भक्ति-अमृत बना डाला और समस्त देश में बाँट दिया। मीरा अमृतवर्दिनी है, वह सब पर अमृत की वर्षा करती है।

मध्ययुग के सन्दर्भ में मैंने मीरा के जीवन की व्याख्या की थी, कल मैंने भक्ति आन्दोलन के सन्दर्भ में मीरा की स्थिति को स्पष्ट करने का प्रयत्न किया था। आज मैं मीरा के गीतों के सम्बन्ध में कुछ निवेदन करना चाहती हूँ। मीरा का युग, भक्ति आन्दोलन तथा मीरा के पद आपस में एक-दूसरे से जुड़े हुए हैं। थोड़े-से समय में मैं बहुत कुछ कहना चाहती हूँ। हमारे साहित्य का प्रारम्भ गीतों से ही हुआ है। साहित्य के प्रारम्भिक चरण में न महाकाव्य मिलता है, न खंडकाव्य मिलता है और न गद्य आख्यान मिलते हैं। वेद का प्रारम्भ गीतों से हुआ है। ऋग्वेद की प्रथम ऋचा अग्नि की स्तुति का गीत है। इसका प्रमुख कारण यही है कि ध्वनि सर्वप्रथम गीत के माध्यम से अभिव्यक्त हुई। ध्वनि तो सबको मिली हुई है। पशु के पास भी ध्वनि है, पक्षी के पास भी ध्वनि है, नदी के कलकल जल-प्रवाह में भी ध्वनि है, पेड़-पौधे सब में वायु के साथ ध्वनि का प्रसार होता है। मनुष्य के पास जन्म से ही ध्वनि है। मनुष्य ने आविष्कार कर ध्वनि को अर्थ दिया और इस प्रकार

‘शब्द’ का निर्माण हुआ। केवल मानव ही ‘शब्द’ का गठन कर सका है, पशु-पक्षी के पास केवल मात्र ध्वनि है, किन्तु शब्द नहीं है। वसन्त आता है, कोयल बोलती है। जब वसन्त नहीं होता, कोयल भी शान्त रहती है। शब्दों के माध्यम से ही मनुष्य अर्थ प्रकट करता है। शब्दों के योग से गीत बने। सर्वप्रथम अर्थ की अभिव्यक्ति गीतों में हुई। उदाहरणार्थ, वेद गीतमय हैं। वेद के दो चरण हैं–सूत्र तथा गीत। सम्पूर्ण वैदिक साहित्य गीतों से भरा पड़ा है। गीतों में ही शब्दों का उदात्त-अनुदात्त तथा आरोह-अवरोह बाँधा गया है। कुछ अच्छे गीत वेदों में हैं, जो आपको मूर्च्छित कर सकते हैं, आपको समाधिस्थ कर सकते हैं।

हमारे साहित्य का आरम्भ गीतों से हुआ है। मनुष्य ने अपने सुख-दुख को सर्वप्रथम ध्वनि से व्यक्त किया। कालान्तर में जाकर ध्वनियाँ गीतों में ढलीं और गीत के माध्यम से ही मानव के सुख-दुख की अभिव्यक्ति हुई। वेद साहित्य गीतबहुल है, हिन्दी का गीत साहित्य भी बड़ा समृद्ध है। जीवन की अभिव्यक्ति प्रायः गीतों के माध्यम से ही प्रस्तुत की जाती रही है। धर्म और नीति के प्रसार के लिए भी गीतों का सहारा लिया गया है। गीत के माध्यम से ही जीवनस्पर्शी मर्म की सहज अभिव्यक्ति होती है।

उपनिषदकाल में गीतों के साथ गद्य तथा सूत्र साहित्य का विकास हुआ है। जीवन की विषद व्याख्या के लिए गद्य की आवश्यकता अनुभव की गई। किन्तु प्रायः जीवन की सहज अभिव्यक्ति के लिए गीत ही उत्तम माध्यम समझा गया है। जीवन का हर पहलू गीतों में बाँधा जा सकता है, प्रत्येक ऋतु का वर्णन गीतों में मिलता है। सिद्ध साहित्य में ज्ञान-चर्चा का बाहुल्य है। इसका विस्तृत साहित्य है जो प्रायः गीतों में है। निर्गुणवादी सन्तों ने ब्रह्मज्ञान का वर्णन भी गीतों के माध्यम से प्रस्तुत किया है, किन्तु गीतों का चरम विकास भक्तिकाव्य में ही पाया जाता है। भक्तिकाव्य के अन्तर्गत भक्त की अपने आराध्य देव के प्रति आत्म-निवेदन की अभिव्यक्ति गीतों में ही हुई है। दादू, रैदास आदि सन्त कवियों के भी गीत मिलते हैं, सूरदास और अष्टछाप के कवियों ने गीतों में श्रीकृष्ण का विषद मधुर वर्णन प्रस्तुत किया है, तुलसीदास की विनयपत्रिका गीतमयी है, जिसमें ज्ञान और भक्ति का अद्‌भुत सामंजस्य है। इन सभी भक्तों के गीतों में मीरा के गीतों को कहाँ रखा जाए? मीरा ब्रह्म की उपासना नहीं करती, वह सिद्धों के समाज की ज्ञान-चर्चा में भावनाओं को नहीं बाँधती। मीरा भावना का साकार स्वरूप प्रस्तुत करती है। उसके गीतों में स्वयं मीरा अभिव्यक्त होती है।

हिन्दी साहित्य में मीरा के गीत इतने समृद्ध हैं, इतने गहरे और आत्मपरक हैं कि इनकी तुलना अन्य भक्ति गीतकारों से हो ही नहीं सकती। इसके अलावा मीरा के गीत समग्र भारतवर्ष में व्यापक हो गए हैं। हिमालय से लेकर कन्याकुमारी तक तथा सुदूर पूर्व से पश्चिम तक समग्र भारत में मीरा के गीत गूँज रहे हैं। मीरा ने अपने गीतों को कहीं लिखा नहीं है, लिपिबद्ध मीरा के गीत नहीं मिलते। किन्तु अनायास ही मीरा के गीत एक कंठ से दूसरे कंठ तक फैल गए हैं, फिर दूसरे से तीसरे-चौथे–हजारों कंठों में मीरा के गीत सैकड़ों वर्षों से प्रसारित होते चले आ रहे हैं और इन गीतों के माध्यम से लाखों-करोड़ों भारतीय नर-नारियों के जीवन में मधुरता, प्रकाश और पवित्रता का विकास सहज दृष्टिगोचर हो रहा है। मीरा हिन्दी काव्य-कानन की वह कोकिला है जो सर्वत्र वसन्त बनाए रखती है। मीरा के गीत आत्मकथापरक वियोग के गीत हैं, जिनमें उसके उपास्य 'गिरिधर गोपाल' के लिए अद्वितीय तड़पन है। मीरा का दर्द उसके गीतों में सहज रूप से उभर आया है और इसलिए मीरा के गीत सीधे हृदय को छू जाते हैं। मीरा के गीतों की यह सहजता ही उसकी सबसे बड़ी विशेषता रही है। आप देखेंगे कि हमारे स्वतन्त्रता-संग्राम के दौरान में भी बहुत से अच्छे गीत लिखे गए थे।

स्वयं मैंने विद्रोह के गीत लिखे थे, किन्तु वे सब गीत अब खो गए हैं, उनको लोगों ने अब प्रायः भुला दिया है, क्योंकि विद्रोह तो मन की एक स्थिति मात्र है, विद्रोह चिरकाल तक ठहर नहीं सकता, और जब विद्रोह समाप्त हो जाता है तब विद्रोहात्मक गीतों का प्रयोजन भी खतम हो जाता है और इस स्थिति में विद्रोह के गीत प्रायः भुला दिए जाते हैं। किन्तु मीरा के गीत चिरकालीन हैं, नित नूतन हैं, प्राचीन-पुरातन भी हैं, जिनको मानव-हृदय चाहने पर भी भुला नहीं सकता। इसलिए समय गुजर जाने के बाद भी मीरा के गीतों की संख्या में कमी होने का कोई सवाल ही नहीं उठता, मीरा के गीत तो समय की गति के साथ बढ़ते ही जा रहे हैं। मीरा के गीत लिपिबद्ध नहीं थे, किन्तु जन-जन के जीवन के साथ जुड़े रहे, इसलिए मीरा के गीतों के साथ जनता ने अपनी अनुभूति के गीतों को भी जोड़ दिया है। इसलिए एक निष्ठावान अनुसन्धानकर्ता के लिए भी यह निर्णय करना कठिन है कि प्रचलित मीरा के गीतों में से कौन-सा गीत मीरा के कंठ से निकलकर मीरा के गीतों से सहज प्रकार से जुड़ गया है।

मीरा के गीतों में मध्ययुग की नारी का विद्रोह मुखरित होता है। मीरा

का समूचा व्यक्तित्व तत्कालीन सामाजिक व्यवस्था के लिए एक खुली चुनौती रहा है। किन्तु मीरा का यह विद्रोह भी मधुर है, पूर्ण अहिंसक विद्रोह है, क्योंकि इस खुले विद्रोह में भी मीरा का किसी के प्रति कोई राग-द्वेष नहीं है, घृणा नहीं है, शिकवा-शिकायत तक नहीं है। मीरा ने किसी को भला-बुरा तक नहीं कहा और इसलिए मीरा के गीत बड़े मर्मस्पर्शी हैं, सीधे हृदय को छू जाते हैं और जिनके प्रति मीरा का संकेत मात्र है, उनके हृदय को भी मीरा ने अपना लिया है। ऐसा मधुर, अहिंसक, निष्कपट विद्रोह किसी भी अन्य व्यक्ति में दृष्टिगोचर नहीं होता। गांधीजी ने भी 'भारत छोड़ो आन्दोलन' के दौरान में अंग्रेज जाति को यहाँ से चले जाने का आग्रह किया था, मगर मीरा ने किसी को उसके सामने से हट जाने का भी इशारा नहीं दिया। उसने अपने तथा अपने परम प्रिय 'गिरिधर गोपाल' के बीच किसी अन्य की स्थिति को ही स्वीकार नहीं किया, इसलिए मीरा के लिए तो कोई अन्य था ही कहाँ? सूरदास ने गोपियों के उपालम्भ के माध्यम से श्रीकृष्ण को भी खरी-खोटी सुनाई है। 'भ्रमरगीत' में ज्ञान और भक्ति का तर्क-वितर्क प्रस्तुत किया गया है, किन्तु मीरा तो सभी तर्क-वितर्क की उलझनों से दूर रही है, उसको किसी तर्क का सहारा लेने की भी जरूरत अनुभव नहीं हुई। उसके लिए तो सम्पूर्ण विश्व 'गिरिधर गोपाल' मय है। जिस प्रकार गंगा तट पर बैठकर हम गंगा के पानी को अपनी अंजुली में भर लेते हैं, और हम यह अनुभव करते हैं कि हमने गंगा के साथ सम्बन्ध स्थापित कर लिया है, इसी प्रकार मीरा के प्रत्येक गीत में 'गिरिधर गोपाल' के तादात्म्यभाव का स्पर्श है, उसका समवेदन है।

मीरा विद्रोहिणी विरहिणी है। वह एक है, अकेली है, वह अपने गिरिधर गोपाल के लिए तड़प रही है, वह सम्पूर्ण रूप से उनके साथ तादात्म्य स्थापित करने के लिए व्याकुल है, और इसलिए वह किसी भी बीच-बिचौलिए की स्थिति को ही इनकार करती है? वह बार-बार कहती है कि मैं लोकलाज तथा समाज एवं कुल की मर्यादाओं को स्वीकार नहीं करती, क्योंकि तत्कालीन लोकलाज तथा सामाजिक मर्यादाओं की पालना से उसके अभीष्ट–उसके परम आराध्य की प्राप्ति में बाधा उत्पन्न होती थी। इसलिए मीरा ने अपने प्रभु की प्राप्ति के लिए रास्ते में आनेवाली सभी रुकावटों, मर्यादाओं और औपचारिकताओं के प्रति मधुर विद्रोह प्रकट किया है। मीरा मूलतः विरहिणी है। उसका लक्ष्य तो गिरिधर गोपाल की उपलब्धि मात्र है। उसका विद्रोही स्वरूप तो इस परम लक्ष्य प्राप्ति के बीच पड़नेवाली इन रुकावटों के प्रति है। इस प्रकार मीरा का विद्रोह भी अनुपम है, अद्वितीय है। उसने गोपाल से

तादात्म्य की बड़ी मर्यादा की रक्षा के लिए, इसकी प्राप्ति के रास्ते में आनेवाली सभी छोटी-मोटी रुकावटी सीमाओं के प्रति मधुर विद्रोह प्रकट किया है, इसलिए मीरा के विद्रोह को भी हम 'मर्यादा श्रेष्ठ विद्रोह' कह सकते हैं।

मीरा ने सनातन नारी की मर्यादाओं का सहज भाव से पालन किया है। उसने प्रेम, करुणा, भक्ति, कर्तव्य, ब्रह्मचर्य, संयम तथा अपरिग्रह के उदात्त गुणों को अपने जीवन में उतारा है और साहस, धैर्य तथा अद्वेष के साथ तत्कालीन सभी अभिशापों को हँसते हुए झेला है। इससे बड़ा क्या अभिशाप होगा कि कोई उसको विष का प्याला भेजे और वह उसको बगैर कोसे उस विष को भी पी जाए? मीरा ने यह चिन्ता तक नहीं की कि वह इस विषपान से मर भी सकती है, वह विष भेजनेवाले राणा के प्रति भी कोई रोष प्रकट नहीं करती। उसको तो किसी बात की चिन्ता तक नहीं है। 'विष का प्याला राणाजी ने भेजा, दीजो मीराबाई हाथ।' उसको भी मीरा चरणामृत कहती है और विष मिलने पर भी प्रसन्नता जाहिर करती है, और तुरन्त उस विष को गटागट पी जाती है। इस विष से मीरा की मृत्यु नहीं हुई, इस विषपान से तो वह अमर हो गई। हलाहल जहर को अमृत बना देनेवाली मीरा के समान विश्व की दूसरी कौन हस्ती है? समग्र मानवजाति के इतिहास में इस प्रकार के तथ्यों की जाँच होनी चाहिए।

मीरा के गीतों में न केवल विरह है, न केवल विद्रोह है, अपितु उसके गीतों में सभी मनोभावों का अद्‌भुत मधुरतम चित्रण पाया जाता है। संयोग शृंगार का दर्शन भी मीरा के गीतों में होता है। कहीं-कहीं ज्ञानचर्चा भी इन गीतों में मिलती है। वह कहती है–'सखी मेरे नयनन बान पड़ी, चित्त चढ़ी साँवरी सूरत, उरमित आन पड़ी।' और मीरा बादल के लिए कहती है, पपीहा के लिए कहती है, किन्तु जो कुछ मीरा कहती है, उसमें मधुर भाव है, उसमें कहीं पर भी द्वेष, क्रोध या चिढ़ की हिंसा नहीं है। अन्य भक्त कवियों के काव्य में तो यदा-कदा नाराजगी की आंशिक हिंसा भी झलक जाती है, जैसे गोपियाँ कहती हैं कि पपीहा की चोंच मरोड़ दी जाए, कोयल के पंख नोच डाले जाएँ, क्योंकि पपीया और कोयल श्रीकृष्ण के बिना भी बोल पड़ते हैं। 'पपीया काहे कब को बैर निकालो।' किन्तु मीरा ने उसके आराध्य देव के बीच रुकावट डालनेवाले को कहीं पर भी नहीं कोसा, उसके प्रति भी कहीं पर जरा-सी नाराजगी प्रकट नहीं की। इसलिए मीरा के विरह गीत भी इतने मधुर हैं, इतने अहिंसक आत्मपरक हैं कि इनकी तुलना किया

जाना भी कठिन है।

मीरा के गीतों में उसकी आत्मकथा बिखरी पड़ी है। मैंने मीरा के गीतों का अध्ययन किया है, किन्तु मैं अभी तक यह समझ नहीं पाई हूँ कि किस गीत का उसके जीवन की किस घटना से क्या सम्बन्ध रहा है। मेरे लिए यह निर्णय करना भी कठिन है कि कौन-सा गीत मीरा के कंठ से निकाला है और कौन-से गीत बाद में मीरा के भक्तों ने अथवा जनता ने मीरा के गीतों के साथ जोड़ दिए हैं। मीरा के जीवन के सम्बन्ध में गम्भीर खोज अपेक्षित है। अभी तक हम मीरा के जीवन के सम्बन्ध में खोज ही नहीं कर सके हैं, इसलिए इसकी बड़ी जरूरत है। 'मीरा प्रतिष्ठान' को यह कार्य करना चाहिए, यहाँ के विश्वविद्यालयों को इस अधूरे काम को पूरा करना चाहिए।

कभी-कभी हमारे मन में कुछ ऐसे भावों का उदय होता है, जिनको हम शब्दों में व्यक्त नहीं कर पाते। इसी प्रकार कुछ भाव ऐसे भी उठते हैं, जिनका अर्थ एक-दूसरे के लिए जुदा-जुदा होता है। एकदम आन्तरिक भावों को तो मन कभी-कभी पकड़ ही नहीं पाता, जैसे अति सन्निकट वस्तु आँखों से दिखाई ही नहीं पड़ती। किसी चीज को देखने के लिए भी अपेक्षित दूरी की जरूरत है, जिसको भौतिक विज्ञान में 'फोकल लेन्थ' कहते हैं। मीरा के गीतों के सम्बन्ध में भी उपर्युक्त सिद्धान्त लागू होते हैं। मीरा के गीतों के कुछ भाव हमें स्पष्ट ही नहीं हो सकते और मीरा के कुछ पदों का अर्थ समाज ने कभी-कभी अपनी-अपनी समझ से जुदा-जुदा लगा लिया है। मीरा के कुछ गीतों से यह प्रकट ही नहीं होता कि मीरा क्या कहना चाहती है और जो कुछ अभिव्यक्त किया गया है, उसका उसके जीवन के प्रसंगों से क्या सम्बन्ध रहा है। मेरा मन तो यह स्वीकार करने से इनकार करता है कि मीरा विधवा थी और उसको वैधव्य की ज्वाला बर्दाश्त करनी पड़ी थी। मीरा के गीतों में भारतीय विधवा के चिह्नों का अभाव है। उसने तो कहा है—'वो भावे पचरंग चीर रँगाऊँ, पचरंग चोला पहनूँ—झुरमुट खेलन जाऊँ।' ऐसी शब्दावली मीरा के गीतों में मिलती है। यह शब्दावली मीरा रचित है, अथवा कालान्तर में क्षेपक की तरह जोड़ी गई है, इसका निर्णय करना कठिन है। मीरा ने 'सतगुरु' मिलने का भी उल्लेख किया है, उसने ज्ञानियों के अनुसरण में भी गीत लिखे हैं। हो सकता है मीरा के कोई गुरु रहे हों। लोग कहते हैं कि वह रैदास की शिष्या थी। मीरा किसी की भी शिष्या हो सकती है तथा उसके लिए किसी की शिष्या होना जरूरी भी नहीं है।

मीरा को समग्र भारतीय समाज ने अपनाया है। आश्चर्य की यह स्थिति

है कि निर्गुणवादी सन्त भी मीरा को चाहते हैं, सगुणवादी भी चाहते हैं, कृष्णभक्त उसको अपना मानते हैं और रामभक्त भी मीरा के साथ अपनत्व का सम्बन्ध रखते हैं। गोस्वामी तुलसीदास जी का भी मीरा के साथ स्नेह-सम्बन्ध कहा जाता है। जितने भी सम्प्रदाय हैं, सभी इस सम्प्रदायतीत नारी के प्रति श्रद्धा व्यक्त करते हैं। उसके गीत किसी भी सम्प्रदाय के साथ बाँधे ही नहीं जा सकते, किन्तु सभी सम्प्रदायों को मीरा के गीतों ने प्रभावित किया है। मीरा सचमुच भारत माता की पुत्री है, इस देश की यशस्वी धरोहर है, जिसके काव्य से सम्पूर्ण भारतीय वाङ्मय आलोकित है।

भक्त भगवान के होते हैं, भक्त भगवान के समक्ष आत्मसमर्पण करते हैं, भक्त भगवान के दास होते हैं, अधिक से अधिक 'सखा' होते हैं, किन्तु मीरा ने तो भगवान को ही अपना लिया है, मीरा ने तो भगवान को खरीद रखा है–'माई री मैंने तो गोविन्द लियो है मोल, कोई कहे महँगो कोई कहे सस्तो, लियो तराजू तोल।' मीरा डंके की चोट के साथ घोषणा करती है कि भगवान उसका है, उसने गोविन्द को तराजू पर तोलकर लिया है। मीरा का यह आत्मविश्वास किस अन्य भक्त में पाया जा सकता है? वास्तव में मीरा के गीतों के अध्ययन से यह सुस्पष्ट है कि मीरा और कृष्ण एक हो गए हैं। मीरा ने श्रीकृष्ण को आत्मसात् कर लिया है। मीरा की भक्ति का यह रूप अलौकिक है, आश्चर्यजनक है, बेजोड़ है। अन्य भक्तों और भगवान के बीच हम एक विभाजक रेखा देखते हैं। भक्त भगवान का दासानुदास है। भगवान भक्त को उठा कर अपने साथ ले लेते हैं, अर्थात् भक्त की लघु स्थिति है, भगवान की परम उच्च स्थिति है, और भगवान-कृपा से ही भक्त तथा भगवान का सम्बन्ध जुड़ता है। इसलिए भगवान को करुणानिधान, दयालु, भक्तवत्सल कहा गया है। किन्तु मीरा के पदों में इस प्रकार की किसी लघु ग्रन्थी भावना का कोई संकेत नहीं मिलता, अपितु मीरा वह समर्थ नारी है जिसने भगवान को अपने हृदय-सिंहासन पर प्रतिस्थापित कर दिया है। मीरा तो स्वयं कृष्ण है, मीरा ही राधा है। मीरा और गोपाल के बीच कोई विभाजक-रेखा नहीं है। इनके बीच कोई माध्यम नहीं है। मीरा समर्थ भगवान है। मीरा के गीतों में इस अद्‌भुत तादात्मता के दर्शन होते हैं। मीरा के गीत गोविंदमय हैं। मीरा के गीतों की व्यापकता एवं मर्मशीलता का शायद यही रहस्य है।

पक्षी-रव को सुनते ही हमें अन्दाज होता है कि वसन्त सन्निकट है। कोयल की कूक से यह समझा जाता है कि आम्र मंजरित हुआ है। मीरा के

गीतों में इसी प्रकार श्रीगोपाल बसे हैं। मीरा के गीत गुजरात के गरबों में गाए जाते हैं, राजस्थान के लोकगीतों में प्रतिध्वनित होते हैं, बंगाल के बाऊलों के नृत्य में झंकृत होते हैं और सम्पूर्ण देश में व्यापक हो गए हैं। मीरा के गीतों के साथ ही साथ मीरा के 'गिरिधर गोपाल' भी भारतीय भक्त समाज के हृदयहार बन गए हैं।

कल मैंने चित्तौड़ के दर्शन किए। चित्तौड़ मीरा की ससुराल है। मैंने वहाँ उसकी गृहस्थी की तलाश की। वहाँ का मीरा मन्दिर भी देखा। अन्य स्थल भी देखे। आँखों से आँसू तो निकलते ही हैं। जहाँ पर 'मीरा पग बाँध घुँघरू नाची' हो, जिन पाषाणी प्राचीरों के पीछे मीरा को हलाहल विष का प्याला समर्पित किया गया हो, उस मीठी-कड़वी याद में आँसू आ जाना कौन-सी बड़ी बात है? मैं सोचती हूँ यहाँ मीरा कैसे रही होगी? कैसे चली होगी? आज सोचती हूँ, यदि समय मिला तो मैं मीरा के मायके 'मेड़ता' भी जाऊँगी और फिर एक बार और मीरा को मायके और ससुराल में बैठकर उसको अपनी श्रद्धा के फूल चढ़ाऊँगी। मीरा का गीत है—'कोई कहै मीरा भई बावरी, कोई कहे कुलनासी!' मीरा को लोगों ने क्या-क्या नहीं कहा होगा। यह तो इस गीत से स्पष्ट है, मगर मीरा ने किसी को कभी भी भला-बुरा नहीं कहा, यह भी मीरा के गीतों के अध्ययन से प्रमाणित है। इस क्षमाशील नारी की कितनी महानता है? उसने जो कुछ उसके सामने आया, उसको उसने श्रीकृष्ण का प्रसाद समझकर सब कुछ स्वीकार कर लिया और किसी को भी बुरा नहीं कहा। काँटे बिछानेवाले के खिलाफ भी उसने कोई रोष, दुख जाहिर नहीं किया। मीरा तो प्रेमरस की वह प्राणवान बदली है, जिसने सदैव सर्वत्र प्रेमरस की ही वर्षा की है। उसके पास प्रेम के अलावा अन्य कोई भाव ही नहीं था, इसलिए मीरा को मैं 'प्रेममयी राधा' कहती हूँ।

मीरा के गीतों का मुझे अब तक कोई प्रामाणिक संकलन नहीं मिला है। मीरा के किसी वास्तविक चित्र का मैं दर्शन नहीं कर सकी हूँ। मीरा के कई चित्र मेरे सामने प्रस्तुत हुए हैं, किन्तु इन सभी चित्रों को देखकर मुझे ऐसा लगता है कि यह चित्र मीरा का यथार्थ चित्र नहीं है। मीरा ने तो समस्त विश्व को 'गिरिधर गोपालमय' देखा है। उसका स्वाभिमान, आत्मविश्वास अद्भुत था। उस गौरवमयी नारी की आँखों में एकमात्र सर्वव्यापक गोपाल ही बसा था। एक किंवदन्ती है कि मीरा वृन्दावन गई थी। इतिहास तो मौन है कि वह वृन्दावन-गोकुल गई थी या नहीं गई थी। कहते हैं, उसने वहाँ रूप स्वामी से भेंट करना चाहा। रूप स्वामी ने एतराज किया कि वह किसी स्त्री

से भेंट नहीं कर सकते। तब मीरा ने उसको उलाहना दिया कि क्या गोकुल में श्रीकृष्ण के अतिरिक्त कोई अन्य पुरुष भी है? रूप स्वामी की आँखें खुल गईं। मुझे पता नहीं इस घटना की सच्चाई कहाँ तक है, फिर भी इस किंवदन्ती से यह स्पष्ट है कि मीरा का व्यक्तित्व श्रीकृष्णमय था और वह सर्वत्र सर्वव्यापी कृष्ण की आराधना में ही रत थी। निश्चित रूप से मीरा शाश्वत नारी की मातृ-शक्ति है। इसीलिए मीरा के गीतों में सृजन-ध्वनि अभिव्यक्त हो रही है जो प्रत्येक हृदय को छू लेती है और मंगल आनन्द एवं प्रेम का अद्भुत संचार करने में समर्थ है। मीरा के गीतों का प्रामाणिक संग्रह-संकलन तो होना ही चाहिए।

आज वैज्ञानिक युग है, तर्क का यह जमाना है। हमारे छायावादी युग में तर्क-विज्ञान को अधिक महत्त्व नहीं दिया जाता था। तर्क बुद्धि पर आश्रित है। आज बुद्धि की कसौटी पर ही सही, मीरा के गीतों का परीक्षण करें, उसकी आत्मकथा को ढूँढ़िए, उसकी साधना का मूल्यांकन कीजिए।

अभिनन्दन समारोह का कोई विशेष महत्त्व नहीं है। साल-भर में एक बार जयन्ती मना लेना भी पर्याप्त नहीं है। एक दिन सबके साथ बैठकर मीरा सम्बन्धी चर्चा कर लेना कोई बहुत बड़ी बात नहीं है। आज के वैज्ञानिक युग में तो मीरा के समग्र जीवन एवं साहित्य का गम्भीरतापूर्वक अध्ययन करने के बाद तत्सम्बन्धी विवेचन किया जाना जरूरी है। अब तक यह निश्चित नहीं हो सका है कि क्या मीरा विवाहित थी, किससे विवाहित थी, सधवा थी अथवा विधवा थी। यह भी पता नहीं है कि मध्ययुग की पाषाणी प्राचीरों के पीछे किस प्रकार मीरा में विद्रोह जन्मा, पनपा और किस प्रकार मीरा के गीतों को व्यापकता मिली? राजस्थान की नारी जौहर से निःसन्देह परिचित है, उसने अपने प्रियजनों को कर्तव्य की वेदी पर हाथ में तलवार थमाकर सहर्ष रणक्षेत्र में भेजा है और राजस्थान की नारी ने सर्वधर्म की रक्षा के लिए उत्साहपूर्वक चिता को चन्दन के समान शीतल समझा है। यहाँ पर जौहर के महागीत से महाराग निकला है, किन्तु कैसे और कहाँ से इस महाराग का उद्भव हुआ है, यह अनुसन्धान का विषय है। इस प्रश्न पर भी विद्वानों को विचार करना चाहिए।

मीरा शाश्वत नारी है, आज भी मीरा के गीत समूचे भारत में व्याप्त हैं। भारत भी सनातन, शाश्वत राष्ट्र है। इसकी धमनियों में भक्ति-आन्दोलन प्रवाहित है और इस भक्ति काव्य में मीरा का विशिष्ट स्थान है। मीरा भारतीय समाज के रग-रग में फैली हुई है। कहा जाता है कि राजस्थान से

मीरा को निर्वासन मिला, उसको विष का प्याला दिया गया, किन्तु मीरा तबसे आज तक राजस्थान तथा सम्पूर्ण भारत में आदर के साथ, सम्मान के साथ याद की जाती रही है और हजारों-लाखों को उच्च जीवन की प्रेरणा दे रही है। गुजरात के लोग यह मानते हैं कि मीरा द्वारकाधीश की मूर्ति में समा गई। मैं कहती हूँ कि मीरा द्वारकाधीश के शून्य मन्दिर में मूर्ति बन गई। मीरा राजस्थान की है, गुजरात की है, बंगाल की है, समूचे भारत की है। वह भक्ति आन्दोलन की प्रेरक शक्ति है, जिनमें ब्राह्मण तथा शूद्र का भेदभाव ही मिटा डाला है, अतः वह सभी जातियों की है, सभी धर्मों की है, सर्वकालीन सर्वदेशीय है।

कुछ लोग कहते हैं कि मीरा रैदास की शिष्या थी 'प्रभुजी तुम चन्दन, हम पानी।' यह मीरा की पंक्तियाँ हैं। सम्भव है, वह रैदास की शिष्या रही हो, सम्भव है वह किसी की भी शिष्या नहीं हो। मेरा मन तो अब तक यह मानने के लिए तैयार ही नहीं है कि महिमामयी नारी मीरा किसी की शिष्या हो सकती है। वह तो जननी है। और जननी नारी को कौन गुरु दीक्षा दे सकता है? जैसा कि मैंने कहा है—नारी ही पुरुष को दीक्षा देती है। माँ अपने आँचल में प्रत्येक व्यक्ति को सुलाकर दीक्षा देती है, पोषण देती है, भाषा-ज्ञान देती है, समझ-बुद्धि और दीक्षा देती है। यदि मीरा जैसी परम ओजस्वी, प्राणवान और समर्थ नारी को किसी गुरु ने दीक्षा दी है तो उस गुरु को धन्य है।

आप राजस्थान की वीरप्रसूता भूमि के निवासी हैं, आपके इस प्रदेश में ही मीरा सरीखी समर्थ साधिका का जन्म हुआ और यहाँ उसका जीवन बीता। यदि जौहर, युद्धप्रिय इस धरती पर मीरा सरीखी स्नेहमयी, प्रेमशीला, भक्त-श्रेष्ठ नारी का जन्म नहीं होता तो केवल शौर्य-मंडित यह भूमि आततायी बन गई होती। शौर्य के बादलों में मीरा का भक्ति-जल है। जिस बादल में पानी नहीं होता, उससे बिजली पैदा नहीं हो सकती है। पानी भरा बादल ही बिजली के दाह को सँभाल सकता है। अकेला शौर्य मंगलमय नहीं हो सकता। शिव-मंगल और कल्याण-प्रसार के लिए शौर्य के साथ साधना तथा भक्ति का संयोग भी अनिवार्य है। मीरा के व्यक्तित्व के द्वारा इस धरती को साधना, प्रेम और भक्ति का सम्बल मिला है। शौर्य और साधना का यहाँ गठबन्धन हुआ है। जल और ज्वाला का सम्मिलन केवल मानव हृदय में ही होता है। मीरा के गीतों के द्वारा ही भारतीय हृदय का विकास हुआ है। इस दृष्टि से मीरा के गीतों का सर्वोच्च महत्त्व है।

मीरा का विद्रोह

मैं सजला-श्यामला रंगमयी भूमि राजस्थान के मरु के हर कण को रसमय करके, सारे देश को रसमय करनेवाली मीरा की चर्चा करना चाहती हूँ। वह वास्तव में राजस्थान की पयस्विनी ही नहीं, हमारे समग्र देश की मंदाकिनी थी, जिसने जीवन के किसी तट को अनछुआ नहीं छोड़ा। हमारे यहाँ दूसरा ऐसा कोई नहीं, जिसकी रचनाएँ इतनी भाषाओं में मिलती हों, इतने प्रकार से मिलती हों। साधिकाएँ हमारे यहाँ हैं, कवयित्रियाँ हमारे यहाँ हुई हैं, होती रहेंगी। हमारे यहाँ विद्रोहिणियाँ भी हुई हैं, परन्तु एक अकेला व्यक्तित्व, जिसमें ये तीनों तत्त्व मिलते हों, ऐसा हमारे यहाँ नहीं हुआ। मेरे विचार में मध्ययुग में मीरा का अस्तित्व भी एक आश्चर्यजनक घटना है, क्योंकि उस युग में एक नारी के व्यक्तित्व पर परम्परा की इतनी परतें हैं कि उन्हें हटाकर उसका मुखश्री दिखना कठिन है।

मीरा के विद्रोह ने, मीरा के समग्र जीवन ने परम्परा के कई तर्कों को, यहाँ तक कि पाषाणों तक को गलाया और उस युग की नारी की मुखश्री को स्पष्ट किया। सम्भवतः पहली बार उस मध्ययुग में नारी ने सोचा होगा कि उसका भी कोई अस्तित्व है, कोई व्यक्तित्व है। वह कहीं विरोध करती है और कहीं विद्रोह करती है। मीरा के सम्पूर्ण व्यक्तित्व में विद्रोह की रेखाएँ तो आग्नेय हैं, किन्तु भावना के रंग बड़े कोमल और करुण हैं और उसकी साधना में इतना स्पन्दन है कि वह व्यक्तित्व हमारी त्रिमूर्ति हो गया है।

वेदकाल से ही हम सब जानते हैं कि स्त्री को तब बहुत अधिकार प्राप्त

थे। उस समय की स्त्रियाँ ब्रह्मवादिनी हैं, ऋषिकाएँ हैं। वे अपने गुरुओं को, अपने गुरुकुलों को अपने आप चुनती हैं। वे एक गुरुकुल से दूसरे गुरुकुल में अपने आप जा सकती हैं—विद्याध्ययन के लिए। आजीवन ब्रह्मचारिणी रह सकती हैं, गृहिणी हो सकती हैं, सधर्मिणी हो सकती हैं। ऐसे अद्‌भुत-अद्‌भुत चरित्र मिलते हैं, नारियाँ मिलती हैं जिनका चरित्र अद्‌भुत है। एक ऐसा भी चरित्र मिलता है, जिसका पैर लड़ाई में कट जाता है। फिर उसने विश्वकर्मा से काष्ठ का पैर बनवाया और फिर युद्ध में जाती रही। वैदिक युग में धर्म में, समाज में और शिक्षा के क्षेत्र में भी स्त्रियाँ हैं। पर वे सब अपूर्व कान्ति एवं वर्चस्व से भरी हुई हैं। पर सभ्यता का आरम्भ मातृसत्ता के युग से हुआ है। इसलिए जितनी भी सभ्यता हैं, चाहे बेबीलोनियन हो, सीरियन हो, रोमन हो, चाहे भारत की सभ्यता हो या सिन्धु घाटी की सभ्यता, सब में नारी प्रमुख है और उसी की मूर्तियाँ प्राप्त हुई हैं। हर युग में, सिन्धु घाटी-सभ्यता में भी माता के नाम से ही सभ्यता जानी जाती है। बाद में भी ऐसा ही मिलता है चाहे वे सौमित्र हो, चाहे मैत्रेय हो। माता के नाम को ही सब जानते हैं, पिता के नाम को कोई नहीं जानता। पिता का परिचय भी माता ही देती है। बाद के युग में एक परिवर्तन आया, और यह परिवर्तन भाषा में भी आया।

आज का विद्वान कहता है कि ध्वनि से मनुष्य मूर्च्छित हो जाता है, मर भी सकता है। ऋषि भी मानते हैं और स्पष्ट करते हैं। भाषा के सम्बन्ध में वैज्ञानिक व्याख्या की होगी, जब अनार्य नारी से उन्होंने विवाह किया होगा। तब उनको चिन्ता हुई होगी कि हमारी भाषा का क्या होगा, हमारी देश की ध्वनि का क्या होगा। तो पहले उन्होंने कुछ स्त्रियों को अधिकार दिए। फिर धीरे-धीरे वह अधिकार हटते चले गए। माता तब रक्षणीया होती है, जब अपनी सन्तान को जन्म देती है। सन्तान छोटी रहती है, तब वह उसे पालती है। लेकिन रक्षणीया होकर वह अधिकारहीन हो जाती है। उपनिषद् काल में मनुष्य चिन्तन अधिक करने लगा। उसे सहधर्मिणी की आवश्यकता नहीं थी, अतः उसके सम्बन्ध में विचार की भी आवश्यकता नहीं रही। उस चिन्तन के युग में निश्चित रूप से नारी की स्थिति बदली और तब से स्त्रियों की स्थिति सामाजिक दृष्टि से इतनी गिरी कि भगवान बुद्ध ने उस समय की स्त्रियों को भिक्षुणी भी बनाना स्वीकार नहीं किया। फिर भिक्षुणी होने का अधिकार तो दिया, पर और कुछ नहीं; अर्थात उस युग में आपको भिक्षुणियाँ मिलेंगी, सब प्रकार की साधिकाएँ मिलेंगी, किन्तु समाज में स्वाधिकारिणी इस प्रकार की नहीं मिल सकती। समाज में विरोध करनेवाली नहीं मिल सकती।

यहाँ तक कि रामायण-महाभारत काल में भी विरोध करनेवाली स्त्री नहीं मिलती। सीता-जैसी सती का वाल्मीकि रामायण में वर्णन है। बाल्मीकि रामायण में राम कहते हैं कि मैं प्रतिशोध न लेता रावण से, तो मुझे सब कायर कहते। सीता के प्रति राम ने कड़े शब्दों में कहा है कि मैं तुम्हें स्वीकार नहीं करता, तुम जा सकती हो। चाहो तो भरत के संरक्षण में रह सकती हो, चाहो तो लक्ष्मण के संरक्षण में रह सकती हो और चाहो तो विभीषण के पास रह सकती हो। सीता की अग्नि-परीक्षा होती है। परीक्षा में क्या मर जाने की बात थी। बाल्मीकि रामायण में उस समय राम व्यक्ति ही थे। उस समय अवतार का प्रश्न ही नहीं था। बाल्मीकि के सामने कोई अवतार नहीं था। व्यक्ति ही थे वह और व्यक्ति के रूप में ही उन्होंने राम को रखा। सीता की एक बार अग्नि-परीक्षा हुई। दुबारा यदि होती तो क्या वह जल जाती। जब वह पहले नहीं जली तो क्या बाद में जल जाती! लेकिन इसके बाद भी सीता ने, राम से कोई विरोध नहीं किया, कोई प्रश्न नहीं किया। सीता शत्रुपुरी में अकेली रही। उसने वहाँ अकेले अपनी रक्षा की। राम उसे अपने साथ वन ले गए, लेकिन रक्षा नहीं कर सके। लंका में अकेली स्त्री ने अपनी रक्षा की, परन्तु सीता ने कोई प्रश्न नहीं किया, कोई विरोध नहीं किया। वह विरोध क्यों नहीं कर सकती थी, परीक्षा को क्यों नहीं रोक सकती थी? परन्तु उसने ऐसा नहीं किया।

वैदिक काल में जो स्वयंवर-प्रथा थी, जैसे सावित्री सत्यवान को ढूँढ़ने निकली थी। उसके उपरान्त पिता ही वर की परीक्षा लेते हैं। द्रुपद ने कहा, कोई मछली की आँख में तीर मार दे, तब कन्या का विवाह उससे किया जाएगा। तब विवाह क्या हुआ? आप तो पुरस्कार में दे रहे हैं लड़की को। आप अपनी कन्या को यदि अपनी किसी परीक्षा की पूर्ति के उपरान्त दे रहे हैं तो निश्चित रूप से आप पुरस्कार में दे रहे हैं उसको। किसी और रूप में नहीं दे रहे हैं। सीता का भी यही हुआ। राम ने धनुष तोड़ दिया। ठीक है, यदि न तोड़ते और रावण ही तोड़ता तो क्या होता? तब कन्या से यह नहीं पूछा जाता था कि हम यह परीक्षा करते हैं और उसके अनुसार जो व्यक्ति विजयी होगा, वह तुम्हें स्वीकार होगा या नहीं होगा। वह कुछ कह भी नहीं सकती है। कर भी नहीं सकती है। तो भी, इस अद्भुत प्रथा को 'स्वयंवर' कहते थे। यह समझ लीजिए कि मध्ययुग तक आते-आते स्त्री की स्थिति ऐसी हो गई कि जैसे घर की सामग्री होती है। बाद में देश छोटे-छोटे राज्यों में बँट गया। छोटे-छोटे राजा हो गए। किसी की कन्या सुन्दरी हुई तो वह

दौड़ पड़े। उनमें युद्ध होते थे। जो जीत जाता था, ले जाता था। जहाँ युद्ध हुआ, वहाँ से डोला जाता था। वह डोला हरम में उतरता था, चाहे राजमहल में उतरता था। पर उसके अन्दर जो जीवन है, वह भुला दिया जाता था, मानो कोई भी युद्ध नहीं हुआ। इसलिए विरोध का पता नहीं चलता था। स्थिति के पतन के कारण ही विरोध नहीं हुआ।

पहली बार जब मीरा ने विरोध किया होगा, तब के आत्म-संघर्ष की कल्पना कीजिए। दो राजकुलों में ही, उन पाषाणी महलों के मध्य विलास के सारे साधन चारों ओर बिखरे होंगे। सब कहते होंगे, विलास तो अच्छा है तुम्हारे लिए। तुम चुप से रहो। लेकिन फिर भी मीरा विरोध करती है। अनेक बार दक्षिण की अंडाल से मीरा की तुलना की जाती है। दक्षिण की अंडाल मीरा से पहले हुई थी, सातवीं सदी में। वह आलवार सन्तों की परम्परा में है। उसने भी विष खाया मीरा की तरह, परन्तु उसमें अन्तर है।

उसके बाद हमारे गणतन्त्रों में नगरवधुओं की परम्परा चली, ताकि परस्पर लड़ाइयाँ न हों। इसलिए जो सबसे सुन्दर हो, वह किसी की वधू या पत्नी नहीं हो सकती। वह नगरवधू होगी, तो सबकी होगी। उसमें भी किसी ने विरोध नहीं किया कि वह सबकी बहू कैसे हो सकती है, क्यों होती है? जैसे द्रौपदी ने विरोध नहीं किया। वह क्या घर की सामग्री है कि उसको पाँच में बाँट देंगे और बाँट ही सकते हैं तो उसके शरीर के खंड-खंड करके एक-एक खंड बाँट लीजिए। यदि वह भी विरोध करती तो क्या होता। लेकिन ऐसा नहीं था। विरोध नहीं हुआ। देवदासियों की प्रथा भी इसी प्रकार चली। तुलसी-कन्या अंडाल का विवाह भी कहीं नहीं हो सकता था। अन्त में विवाह के वस्त्र पहनाकर उसे रंगनाथ के मन्दिर में रंगनाथ को समर्पित कर दिया, और रंगनाथ कृष्ण ही थे। तो अंडाल कृष्ण की पत्नी रही। वह संघर्ष रहा, जीवन-संघर्ष। तब भी कोई प्रश्न नहीं उठा। कोई विरोध नहीं हुआ। प्रश्न क्या होता, स्थिति जैसी थी, वैसे उसने स्वीकार किया। जीवन उसी प्रकार चला।

मीरा के साथ ऐसा नहीं हुआ। मीरा ने अपने जीवन-वृत्त के सम्बन्ध में कुछ नहीं कहा। उसके संघर्ष के सम्बन्ध में, विरोध के सम्बन्ध में हमारे यहाँ के किसी व्यक्ति ने, किसी कवि ने कुछ नहीं कहा। किसी कवि ने अपने जन्म के सम्बन्ध में कोई तिथि नहीं दी। मीरा के सम्बन्ध में भी किसी ने कुछ नहीं कहा। कोई ठीक से नहीं जानता उसकी जन्मतिथि के सम्बन्ध में। मीरा के सम्बन्ध में खोज भी बहुत कम हुई है। चूँकि वह स्त्री थी इसलिए,

मैं यह समझती हूँ, किसी ने उसके विषय में खोज नहीं की। चूँकि वह स्त्री थी और विद्रोहिणी थी, इसलिए भी लोगों को अच्छा नहीं लगा होगा। आज तो नहीं कह सकते हैं। आज तो वह स्थिति नहीं है। आज तो स्त्री को काफी अधिकार प्राप्त हैं। लेकिन उस समय, जब अधिकार प्राप्त नहीं थे, तब मीरा ने विरोध किया। मीरा स्वयं कहती है :

एकता में विश्वास है,
एकता में निवास है।

कुछ ने कहा कि वह राणा कुम्भा की पत्नी थी और दूसरे देवीप्रसाद हैं। वे कहते हैं कि वह उनके बड़े पुत्र की पत्नी थी। कोई कहता है, वह राणा सांगा के बड़े पुत्र भोजराज की पत्नी थी। कोई कहता है कि वह विधवा थी, क्योंकि भोजराज का देहान्त पहले ही हो गया था। इस प्रकार की किंवदंतियाँ भी हैं, उनके साथ कथाएँ भी हैं। लेकिन कुछ को ऐसा लगता है कि बहुत-सी किंवदंतियाँ अपने अन्दर सत्य को छिपाए हुए हैं। उसकी अपनी रचनाओं में देखिए, जैसे उसने वैधव्य के सम्बन्ध में कुछ नहीं कहा। वह विधवा थी, ऐसा कोई नहीं कह सकता।

मुझे उसके पदों में वह विषाद नहीं मिला जो भारतीय परम्परा के अनुसार एक विधवा और असमय विधवा हो जानेवाली स्त्री की रचनाओं में होना चाहिए। दद्दा मैथिलीशरण गुप्त जी ने कहा है :

'मानो लोकतन्त्र होता तो देह पसीना होता।'

लेकिन विषाद उसमें बिल्कुल कहीं नहीं मिला। वियोग भी नहीं। शृंगार की बात भी वह कहती है। वैधव्य में शृंगार की क्या बात हुई। वह खुद कहती है :

कंठी तिलक उतारो
पहनो हार हजारी मीरा...

तो वास्तव में कोई विधवा शृंगार में नहीं कह सकती है कि तुम यह गहने उतारकर यह पहनो या यह छापा उतारकर यह तिलक लगा लो। यदि वह विधवा होती तो उसे इन सबसे वितृष्णा होती। ये सब अच्छा नहीं लगता। लेकिन उसकी भावना तो अलग थी। वह क्यों नहीं महलों में रहती है। वह क्यों कृष्ण के सामने गीत गाती है, नाचती है, क्यों साधुओं से मिलती है। उसकी साधना में यह सारा संघर्ष था। तब यह विश्वास होता है कि कहीं कोई गड़बड़ी है। हम उस तथ्य को पा नहीं सके हैं। और नए ढंग से, कई लोग उसे रामराय की पत्नी भी कहते हैं, लेकिन किसी ने भी साहस से वहाँ

जाकर, वहाँ रहकर, राजस्थान में, चित्तौड़ में रहकर खोज नहीं की। खोजने पर निश्चित रूप से कुछ न कुछ मिल जाएगा, पर किसी ने उसके सम्बन्ध में कोई विशेष खोज नहीं की, यह बिल्कुल सत्य है। यह सच है कि उसने जहर का प्याला पिया। आज के वैज्ञानिक युग में आप कह सकते हैं कि उसने जहर पी लिया हो, फिर वह कैसे बच गई होगी। इस सम्बन्ध में मैं यह मान लेती हूँ कि किसी स्त्री के मन में इतनी दया आ गई हो और उसने सोचा हो कि एक स्त्री को क्यों मारा जाए और उसने बहुत मारक विष न दिया हो, लेकिन यह मानने का मन नहीं होता कि उसे विष दिया ही न हो। इस वैज्ञानिक युग में हम यह विश्वास कर सकते हैं। विश्वास कभी-कभी मनुष्य को मृत्यु से भी पार कर सकता है, मृत्यु के सामने भी जीत जाता है। हो सकता है, विशेषतः उसके विरुद्ध चारों ओर से इतने संकट रहे हों, चारों ओर इतनी तालेबंदी रही हो और निगरानी रही हो, लेकिन कहीं न उसका कंठ रुकता है, न उसके चरण रुकते हैं, न उसका उल्लास रुकता है, न विषाद रुकता है। उस युग में कोई स्त्री इतना कर सकती है। इतना चिंतन किसी ने किया है? वह कहती है :

या बदनामी लागे मीठी,
राना जी म्हानै।

आगे के युग में हम बदनामी को अच्छा नहीं मानते, बुरा कहते हैं, लेकिन उस जमाने में वह कहती है कि मुझे यह बदनामी अच्छी लगती है :

चाहे हमें कोई निंदो करे चाहे बंदो
मैं तो चलूँगी चाल अपनी।

उसके विद्रोह का एक अद्‌भुत रूप है, उत्सुकतामय रूप है उसके विद्रोह का, जैसे किसी दूसरे रूप में नहीं है। सम्भवतः आगे आनेवाली कुछ स्त्रियों के लिए इस विद्रोह ने पता नहीं कितने विद्रोह जगा दिए। जिस प्रकार लोग एक दीप से कई दीप जला देते हैं, उसी प्रकार उसके विद्रोह ने कई विद्रोह जगाए। वास्तव में उसकी दीप्ति ऐसी होती है जो सबसे ज्यादा आलोकित होती है, चाहे उसकी लौ कैसी भी हो, चाहे थोड़ी देर के लिए हो। तो उसका इतना आश्चर्यजनक विद्रोह है, जिसमें वह न कुछ किसी से माँगती है, न किसी का कुछ लेती है। और यह कहते हैं तो बुरा कहते हैं, भला कहो। बुरा कहते हैं तो तुम्हारी इच्छा, भला कहते हैं तो तुम्हारी इच्छा। वह सारा विद्रोह उसका मधुर विद्रोह है, क्योंकि वह मधुर रहती है।

कटु होना तो विद्रोह का लक्षण नहीं। हम अपने प्रतिपक्षी के प्रति,

जिसने हमारे साथ अन्याय किया उसके प्रति, क्रोधित हो सकते हैं, प्रतिशोध ले सकते हैं। परन्तु ऐसा मीरा ने नहीं किया। न प्रतिशोध की बात, न कटु बात—कुछ भी नहीं उसमें। रस ही रस, माधुर्य ही माधुर्य है। तो वह कैसा विद्रोह है, जो सबकुछ सह लेता है। एक रसायन में बदल देता है। अद्भुत प्रकार का उसका विरोध है, उस राजरानी का, महलों की उस बंदिनी का।

उस समय राज करते हुए राणा उसके देवर थे—यह भी बात जँचती नहीं है। कालिदास ने रघुवंश में सीता के विषय में कहा—

वाचस्व राजा राम...

राम के लिए सीता पति नहीं कहती। वह कहती है, मेरी ओर से उस राजा से कह देना। सब जगह वह भी रानी ही कहते हैं। कोई कुछ नहीं कहता है, सम्बोधन ही होते हैं। तो उसके विद्रोह के सम्बन्ध में, जहाँ तक मैं कह सकती हूँ या उसको समझ पाती हूँ तो वह मधुर है, परन्तु उसकी जो स्थायी तत्त्व है, अब उसकी उपमा कैसे खोजूँ मैं—'अगर फूल पर तलवार का पानी चढ़ाया जा सकता तो सम्भवतः मीरा की मूर्ति गढ़ी जा सकती थी।'

वह अकेली है और सम्पूर्ण युग में अकेली। पर आज परिस्थितियाँ क्यों बदल गईं? आज फिर विद्रोह की आवश्यकता नहीं? तो इतने लम्बे समय में एकमात्र वही विद्रोहिणी नारी है। उसके विद्रोह में कहीं कोई खरोंच नहीं लगी।

अब उसके साधना-पक्ष को आप देखिए। वह किसी सम्प्रदाय से सम्बद्ध नहीं है। उस समय राम के उपासक थे, कृष्ण के उपासक थे। अनेक उपासक थे। कृष्ण-भक्त कवि रहे। अष्टछाप के कवि रहे। लेकिन मीरा किसी के साथ नहीं थी। खैर, राम की उपासना का तो वहाँ कोई प्रश्न ही नहीं, वह तो कृष्ण-उपासक थी। किन्तु उसका भिन्न कोई सम्प्रदाय नहीं था। उसे आप यदि किसी सम्प्रदाय में बाँधना चाहें, तो वह नहीं कर सकते। उसकी साधना कुछ विचित्र प्रकार की है, क्योंकि वह सखाभाव से कहती है, दासभाव या भक्तिभाव से नहीं कहती। उसमें दीनता का भाव या दास-भाव बिलकुल नहीं, जैसा कि उस समय के भक्तों की परम्परा थी।

उस समय की दीन-भावना अद्भुत थी। कोई कहते हैं—*'मैं पतितन को टीको!'* मेरे समान कोई और पतित नहीं है। दोनों ही सम्प्रदाय, राम के उपासक हों या कृष्ण के उपासक—दोनों की भक्ति-भावना दीनता की उपासना है। लेकिन मीरा की उपासना-भावना अद्भुत है। वह इस प्रकार की नहीं है कि *'तू दयालु दीन हौं भिखारी...'* मीरा तो कहती है, 'भायो मैंने लियो

है वृन्दा मोल।' मैंने तो स्नेह-प्रण से, तराजू से तोलकर कृष्ण को मोल लिया है। 'कोई कहे चोर कोई कहे चुपके मैंने तो वजन को मोल लियो है।' उस युग में, जहाँ अपने आपको पतित कहने की परम्परा थी, वहाँ मीरा ने अपने आपको स्वाभिमानी रखा है। उसने अपने आत्मविश्वास को नहीं खोया। वह कृष्ण के प्रेम में इतनी तन्मय हुई कि उसने उसे मोल लेने की बात सोची। उसके सभी पदों में यह बात है और वह बार-बार कहती है :

मैंने सपने में परण परणाया गोपाल।

वह कहे कि वह विवाहित है। वह गोपी नहीं है। भक्तमाल में नाभादास कहते हैं–'सदृश्य गोपिका प्रेम प्रकट कलि दिखायो / निरंकुश अति निडर रसिक रचना गायो।' लेकिन वह गोपी नहीं है। वह सदृश्य गोपी का प्रेम नहीं। वह अपने आपको कुछ नहीं मानती। उससे यदि कोई पूछता है कि तू विवाहित है तो वह कहती है–'बस सपने में परणाया। तभी तो पति कहा है।'

वास्तव में वह सबके सामने सहर्ष अपनी साधना के सम्बन्ध में कहती है। तभी तो कहीं उसमें दैन्य नहीं आता, आत्मविश्वास नहीं टूटता, अपराध की भावना नहीं जागती। मूर्तिमयी साधना है, पवित्रता है, जैसे कहीं भी अपवित्र कुछ नहीं। गंगा के समान निर्मल, साफ है। इसी तरह उसकी एक साधना है। उस साधना में कहीं से कोई लांछन नहीं, कोई कालिमा नहीं। उसके मन में तो वह किसी भी सम्प्रदाय से नहीं बाँधी जा सकती है। उस समय हरेक की अपनी गुरु-परम्परा थी और कुछ न कुछ विशिष्टाद्वैत। माधवाचार्य का द्वैत है, रामानुज का विशिष्टाद्वैत है, लेकिन मीरा का कोई द्वैत नहीं है। उसके सम्प्रदाय बनाने का कोई प्रश्न ही नहीं उठा।

मीरा रविदास को अपना गुरु कहती है। बाकी जो गुरु हैं या जिसने चुने हैं वे सब ब्राह्मण वर्ण के हैं लेकिन मीरा ने अपना गुरु चुना रविदास को। गुरु चुनने की भी उसकी अपनी मौलिकता है। उसने चर्म के कर्मकार को अपना गुरु चुना। जानकर ही चुना होगा।

उसकी माधुर्यमूलक भक्ति है, परन्तु वह निर्गुण नहीं है। निर्गुण सम्प्रदाय के तो दूसरे हैं। कुछ निराकार ब्रह्म के उपासक रहे हैं। कबीर का संयोग कहाँ, वियोग कहाँ। जायसी के निर्गुण संतों के अनेक प्रकार के सम्प्रदाय हैं, लेकिन इन सबके अतिरिक्त एक मार्ग मीरा की प्रेम-साधना का है। पर उसमें जो प्रेम का निवेदन है, विरह की तीव्रता है, वह निर्गुणवाणियों की है, वह उसमें प्रकट होता है। उसके तत्त्व को कोई पा ही नहीं सकता। कबीर कहते

हैं—राम बहुरिया क्या होगी, दाढ़ीवालों की।

वह कृष्ण से ही पूछती है :

भावे कृष्ण जी, सारी पहनो
कहे तो मोतियन माँग भरूँ!

जिस भेष में वह मुझे स्वीकार करें, जैसे उन्हें अच्छा लगे, उसे वह करेगी। तो उसकी साधना का एक अद्‌भुत मार्ग है, जिसे हम उस युग के और सहयोगियों में नहीं देख सकते। किसी में उतनी तीव्रता नहीं, उस प्रकार का विद्रोह, उस प्रकार का आत्मविश्वास नहीं मिलता।

रीतिकाल में भी कई चमत्कारिक कवि हुए हैं, कई साधक हुए हैं। लेकिन जो मौलिक साधना मीरा की रही, वह दूसरे में नहीं मिल सकती है। उसका व्यक्तित्व, उसका विद्रोह ही साधना है।

अब आप काव्य की बात सोचें। कृष्ण-प्रेम लें या और कुछ—वह विलग है। परन्तु कविता के स्तर का भी उसका क्या पूछना? मीरा का गीत-साहित्य और पद-साहित्य बहुत-बहुत समृद्ध है। साम-दाम से लेकर, प्राकृतिक, निर्गुण गीत-साधिकाओं के गीत, सिद्धों के गीत, कई प्रकार के गीत हैं। किन्तु मीरा के पद ही गीत हैं। उसके गीतों का गीत-साहित्य में बहुत योगदान है। सूरदास ने कृष्ण का बालक-रूप से लेकर पूज्य-रूप तक का वर्णन किया है। बहुत-बहुत आत्मनिवेदन भी किया है। साहित्य में मीरा के गीतों की स्थिति बड़े महत्त्व की है। बस यह सोच लीजिए कि गीत हैं तो मीरा के। उसके गीतों में अनुभूति की तीव्रता है। घंटों बैठकर निरन्तर-निरन्तर उसके गीतों को सुनते रहिए। अनुभूति के तीव्र क्षण हो जाते हैं वह। उस समय इतना अवसर कहाँ था कि वह गीतों में काट-छाँट करे। उस समय तो एक मेघ-छटा उभरी और उसी के साथ एक अनुभूति जागी। उसी क्षण में उस अनुभूति को हम व्यक्त करते हैं। अब जो कवि हैं, कविता लिखते हैं, गीत लिखते हैं, कथा लिखते हैं तो एक योजना बनाकर लिखते हैं, लेकिन अनुभूति आई और चली गई। वह अनुभूति दुबारा थोड़े ही आएगी। तो मीरा के पदों में वही अनुभूति है, उसमें कोई योजना नहीं मिलेगी। कथोपकथन नहीं मिलेगा।

मैंने सौराष्ट्र में देखा, अहमदाबाद में देखा, उत्कल में देखा; मीरा के जीवन से लेकर बहुत-सी छोटी-छोटी नाटिकाएँ बनाई गई हैं। वह लोक में चलती हैं। गुजरात में वह बहुत अच्छी तरह से चलती हैं। मिथिला का साहित्य है और हिन्दी के पद हैं। पर गुजराती में वह कवयित्री मानी जाती है और वहाँ उसके जीवन के सम्बन्ध में बहुत-सी गीति नाटिकाएँ दिखाई

गईं। विष लेकर आते हुए, विष पीते हुए, साँप का पिटारा लाते हुए—यह सब उन्होंने दिखाया। उत्कल में दिखाया। हमने देखा कि उसके गीत दक्षिण में कन्नड़ में भी पाए गए हैं। सोचते हैं, इतनी दूर तक उसके गीत कैसे गए। और किसी के गीत तो गए नहीं। वास्तव में कारण यही है कि उसके गीतों में तीव्र अनुभूति है। इतनी तीव्र, इतनी नपी-तुली कि उसके गीतों से मन्त्र-जैसा प्रभाव पड़ता है। जैसे :

हे री मैं तो प्रेम दीवानी
मेरा दर्द न जाने कोय

और :

घायल की गति घायल जाने
के जिन लागे होय

तथा :

सूली ऊपर सेज पिया की
किस विध सोना होय
गगन मंडल पर सेज पिया की
किस विध मिलना होय

उसके गीतों को मैंने दक्षिण में भी सुना। उसके गीतों में अथाह और असीम प्रेम है। जैसे गोपिकाएँ सूर की अप्रसन्न हुई हैं :

मधुवन छाड़े क्यों न जरे
विरह वियोग श्यामसुन्दर के ठाड़े क्यों न झरे
मधुवन तुम कत रहत हरे?

लेकिन पपीहा बोलता है :

पपीहा प्यारे कब को बैर
चितौ रे...

पपीहा बोला तो वह जागी और जागी तो फिर कृष्ण की सुध में आगे सो न सकी। एक विचित्र माधुर्य उसमें तरंगायत होता है। एक हल्की-सी फुहार, एक विरह की तरंग और भावों की तरंगावली निरन्तर-निरन्तर उसमें बहती रहती है। उसके सब गीतों को आप देखिए। वे दूसरे रूप में हैं।

वह तन्मय कितनी है। उसकी तन्मयता भी मूर्च्छित कर देती है। उसके गीतों का विशेष महत्त्व है। उसके गीतों में तीव्रता है, इसलिए उसके गीत हर जगह गाए गए हैं। बंगला में भी उसके गीतों की भूमिका मिली और दक्षिण में सब जगह मिली। सौराष्ट्र में, महाराष्ट्र में मिली। तो मैंने बहुत

जगह उसके गीतों को सुना। उसके गीतों में ऐसा क्या है, ऐसा क्या जादू है? स्वयं एक चमत्कार है, एक दीप्ति है, जो एकदम दूसरे पर प्रभाव डालती है। इसका कारण यह है कि अनुभूति इतनी सत्य है कि वह गाने के लिए बैठती है वीणा लेकर, बल्कि गाने के लिए नहीं बैठती, वास्तव में वह मन की ऐसी अनुभूति है कि उसकी तीव्रता को ही गीतों में व्यक्त करती है। वह नाचती है, गाती है। मौखिक परम्परा में गीत ही चल सकते हैं, कंठ से कंठ में गीत ही चलते हैं। प्रबन्ध काव्य, या खंड काव्य में गीत नहीं गाए जा सकते। मीरा के बहुत-से गीतों में, यह भी हो सकता है, और कुछ भी मिलाया होगा किसी ने। परन्तु इसमें कोई सन्देह नहीं है कि गीतों की एक अलग परम्परा है, एक अलग आकृति है। उसके गीतों में मन की सच्चाई है। वह कला नहीं जानती, कला की चिन्ता भी नहीं करती। वह सोचती है, कोई कवयित्री स्वयं कविता लिख रही है। जैसे तुलसी कहते हैं कि 'कवित विवेक एक नहीं मोरे, सत्य कहें लिखि कागद कोरे।' और यही कहा है कि रचना वही अच्छी है, जो सबका कल्याण करे। उन्होंने यह भी कहा है कि अपनी रचनाओं के सम्बन्ध में सावधान रहना चाहिए, लेकिन मीरा अपनी रचनाओं में सावधान नहीं। क्या कहती है वह, क्या नहीं कहती, उसे याद नहीं है। वह तो केवल कृष्ण के प्रेम में मग्न है, उसकी चातुरी भी अद्‌भुत है :

चाहिए क्या चाकरी में
वृन्दावन कुंज गलिन में
गोविन्द लीला गायो।

उसके हर गीत में तन्मय भावना है। जो भी कोई उसके गीतों को गाता है, तो उसके प्रभाव को नष्ट करना कठिन हो जाता है। लेकिन उसके गीतों की ना ही कोई छान-बीन की गई है, ना ही गीतों के सम्बन्ध में किसी ने कुछ कहा और ना ही किसी ने कोई शोध किया। इसका एक कारण यह भी रहा है कि उसकी कोई शिष्य-परम्परा नहीं रही।

अपने गोस्वामी तुलसीदासजी बनारस के अखाड़े के महन्त रहे हैं। सूरदास जी अपनी अष्टछाप में थे और गान करते थे। गुरु-परम्परा या शिष्य-परम्परा सबकी रही। कबीर के भी कबीरपंथी रहे। उनकी भी शिष्य-परम्परा रही। अकेली मीरा ऐसी है, जिसका न कोई शिष्य रहा, न कोई उसकी शिष्य-परम्परा रही। कुछ भी नहीं है उसके पास, लेकिन एक चीज संजीवनी है, निश्चित रूप से जो हमको निरन्तर-निरन्तर आप्लावित करती रहती है। उसके गीतों ने मुझे तो आकर्षित किया। मेरी माता भी उसके गीतों को प्रायः

गाया करती थीं, जैसे 'मैं गिरिधर के आगे नाचूँगी'। उसमें भाषा का संस्कार भी है। उसमें कोई अधिक सावधानी हो, ऐसा सबकुछ नहीं है और तब भी एक संवेदनशील हृदय निश्चित रूप से बोलता है, ऐसा बोलता है जिसे हमारा हृदय सुन ही लेता है। उसके युग में क्या हुआ। जिसने विष दिया, उससे भी वह अप्रसन्न नहीं है लेकिन यह सत्य है कि उसे अपना घर छोड़ना पड़ा। कहीं दूर, अंडाल की ही तरह, रणछोड़ के मन्दिर में, अज्ञात देश में जाकर उसके जीवन का समापन हुआ, वह कृष्ण में विलीन हो गई। उसका जीवन एक रूपक बन गया। परन्तु यह साधना सत्य है, राजस्थान की उस विद्रोहिणी की, चित्तौड़ की उस रानी की, वह इतनी संवेदनशील, इतनी मधुर-इतनी मधुर, इतनी कोमल है। उसने समझौता तो नहीं किया अपने युग से। किसी को श्राप भी नहीं दिया, किसी को कटु भी नहीं कहा। ऐसा होना भी कठिन हो जाता है। इतनी क्षमा कि कभी-कभी मेरा मन कहता है, वह हमारे युग की सबसे पहली सत्याग्रही है कि उसने सत्य का आग्रह किया अपने युग से। उसने अपने विद्रोह में करुणा का समावेश किया।

उसके सम्बन्ध में, काव्य के सम्बन्ध में कहना तो बहुत ही कठिन है। जिस काव्य-स्तर के उसके गीत हैं, उन्हें कोई दूसरा नहीं लिख सकता था। कोई भी लेखनी लिख नहीं सकती। उसकी कविताओं को दूसरा कोई नहीं लिख सकता। आश्चर्य तो इस बात का है कि शोध करनेवाली इतनी महिलाएँ हैं, उन्होंने भी मीरा का कोई शोध नहीं किया, जबकि वह उनकी ऐसी पूर्वजा है, जो विद्रोह की दशा में भी गीत गाती है।

हमारे यहाँ खंडित मूर्तियाँ नहीं पूजी जातीं। मीरा की मूर्ति, मानसी मूर्ति अखंडित है। नख से शिख तक कहीं कुछ खंडित नहीं है। वर्चस्व ही वर्चस्व है वह, निरन्तर हमारे सामने वैरागिन की तरह जल रही है और मेरे विचार में जलती रहेगी।

हमें प्रयत्न करना चाहिए कि उसकी रचनाएँ हमें सुलभ हों, साक्ष्य रूप में सुलभ हों।

मैं पढ़ाती हूँ, मैं शिक्षक तो नहीं हूँ। मुझे सूर-तुलसी पढ़ाने पड़ते हैं। मीरा को उनके साथ कोई बिठाने को तैयार नहीं होता। क्यों नहीं बिठाने देता, क्योंकि उनको विनयपत्रिका पढ़ाती हूँ एम.ए. में। विनयपत्रिका में आधे से अधिक देवताओं की स्तुति के अंश भरे हुए हैं। वह दीनता के प्रकाशन के मारे लिखते हैं। क्या कारण है कि मीरा के पदों को नहीं पढ़ना चाहते? क्यों नहीं कहीं संग्रहित हैं उसके पद?

मेरे विचार में हमारे विश्वविद्यालय के जो हिन्दी विभाग हैं, उनको एक संग्रह करना चाहिए। अन्य भाषाओं में भी उसके पद मिलते हैं। चारों ओर से नदी एक ही तट से समुद्र में मिलती है। यह नदी तो सभी तरफ जीवन-समुद्र के सब तटों को छूकर मिलती है। तो वास्तव में हमें खोज करनी चाहिए। महाराष्ट्र में जो पद मिलते हैं, गुजरात में जो पद मिलते हैं। उन सबको हमें एकत्र करना चाहिए। जो कर्नाटक में मिलते हैं, जो दक्षिण में मिलते हैं। हमें जो इधर बंगाल की तरफ, सिन्ध में, ब्रज में, खड़ी बोली में मिलते हैं, उन सबकी खोज करनी चाहिए। मीरा के पद पहचान में कैसे नहीं आएँगे? वह स्वर्ण कैसा जो अग्नि में डालकर राख हो जाए। आप तो तुरन्त पहचान जाएँगे और कह देंगे कि यह स्वर्ण तो हमारा है, जो राख नहीं हुआ। वास्तव में जब आप परीक्षा करेंगे तो उस स्तर पर, उस कसौटी पर वह स्वर्णरेखा ही रहेगी। उसके पदों को आप निश्चित रूप से एकत्र रखिए—आपको साहित्य के इतिहास में, काव्य के इतिहास में, समाज के इतिहास में और नारी-जागरण के इतिहास में मीरा जैसी अन्यतम, दूसरी स्त्री ऐसी नहीं मिलेगी।

●●●